本书系2016年度河北省社会科学基金项目"河北省国家农业科技园区金融支持研究"（项目编号：HB16GL051）的研究成果

# 基于乡村振兴战略的
# 农业园区金融支持研究

◎乔 宏 著

吉林大学出版社

**图书在版编目（CIP）数据**

基于乡村振兴战略的农业园区金融支持研究 / 乔宏
著 .—长春：吉林大学出版社，2018. 11

 ISBN 978-7-5692-3846-4

 Ⅰ . ①基… Ⅱ . ①乔… Ⅲ . ①农业园区－金融支持－
研究－中国 Ⅳ . ① F324. 3 ② F832. 0

中国版本图书馆 CIP 数据核字（2018）第 273111 号

| | |
|---|---|
| 书　　名 | 基于乡村振兴战略的农业园区金融支持研究 |
| 作　　者 | 乔宏 著 |
| 策划编辑 | 魏丹丹 |
| 责任编辑 | 魏丹丹 |
| 责任校对 | 严悦铭 |
| 装帧设计 | 凯祥文化 |
| 出版发行 | 吉林大学出版社 |
| 社　　址 | 长春市人民大街 4059 号 |
| 邮政编码 | 130021 |
| 发行电话 | 0431-89580028/29/21 |
| 网　　址 | http://www. jlup. com. cn |
| 电子邮箱 | jdcbs@jlu. edu. cn |
| 印　　刷 | 河北纪元数字印刷有限公司 |
| 开　　本 | 787mm×1092mm　1/16 |
| 印　　张 | 13. 5 |
| 字　　数 | 211 千字 |
| 版　　次 | 2018 年 11 月　第 1 版 |
| 印　　次 | 2018 年 11 月　第 1 次 |
| 书　　号 | ISBN 978-7-5692-3846-4 |
| 定　　价 | 55. 00 元 |

# 前　言

金融是现代经济的核心，而农村金融则是社会主义新农村建设的命脉。我国社会主义新农村建设需要有农村金融的支持，构建完善的新农村金融体系可以促进农村经济快速、稳定的发展，进而保障我国的新农村建设走上更为健康的发展轨道。

乡村振兴战略早在中国共产党第十九次全国代表大会召开时就已经明确提出。但是在乡村振兴的过程中，如何实现"产业兴旺、生态宜居、乡风文明、治理有效、生活富裕"等建设目标，是我们需要深思和探讨的问题。在进行乡村建设时，如何将农村经济建设与"三农"建设有效地结合起来是不能忽视的问题，这不仅是乡村经济建设的重点，更是我国经济建设中的重要环节。

现阶段，我国已经在乡村经济建设中取得了部分可喜的成果。例如，农业产品销售市场的不断拓宽，农业经济水平的不断增长等；但是在乡村经济发展中依然存在问题，如农业金融市场机制不完善、经济保障制度与高速发展的农村经济不相匹配等。所以对于整个农村经济发展的引导以及调整仍然十分必要，国家应当行使自身经济建设和调控手段的职能，将我国的农村经济发展向更好、更快的方向引领。例如，规范乡村经济中的集资和融资行为，完善乡村经济发展的流程机制，吸引更多的企业向农村经济靠拢，完善并改良农村经济的发展环境，调整农村经济的发展前景等。

本书以乡村振兴战略为出发点，首先，笔者对当前新农村建设的发展方向、社会基础及乡村建设运动等基本内容进行了阐述，在此基础上提到了农村金融、农村金融体系、农村金融发展及其与农村经济增长的关系，厘清了新农村建设与农村金融间相互依存的关系；其次，对当前农村金融发展的现状及发展过程中出现的问题予以分析，给出了解决农村金融问题的建设性方案；最后，对新农村现代农业园区进行了系统的研究，并阐述了农业科技园区的金融支持，提出了我国新农村建设的新方向。

本书在撰写过程中，有两方面特色值得一提。

其一，内容丰富。笔者在对新农村建设金融支持进行阐述的同时，还加入了乡村建设运动、政策性金融支持、新型农业经营主体发展的金融支持等信息，丰富并完善了本书的内容。

其二，论述科学、严谨。书中的绝大部分理论都是在新农村建设、调查和实践中通过反复论证、检验后得出的，力求科学、严谨、实事求是。其中许多想法和理论是笔者在实践的基础上经过认真思考，并多次求教专家后提出的。

由于笔者水平有限，书中难免存在问题和错误，希望各位专家、学者批评指正，从而完善新农村建设金融支持方面的研究。

乔 宏

2018 年 9 月

# 目 录

第一章 导 论 ………………………………………… 1

　第一节 研究背景 …………………………………… 1

　第二节 研究意义 …………………………………… 11

　第三节 研究思路与方法 …………………………… 12

第二章 金融相关理论分析 …………………………… 16

　第一节 金融发展与经济增长 ……………………… 16

　第二节 农村金融发展相关研究 …………………… 30

　第三节 新型农村金融机构创新理论 ……………… 38

第三章 新农村建设综述 ……………………………… 46

　第一节 新农村建设的发展方向 …………………… 46

　第二节 新农村建设的社会基础 …………………… 49

　第三节 新农村建设视野中的乡村建设运动 ……… 51

第四章 农村金融与支持体系研究 …………………… 53

　第一节 金融需求 …………………………………… 54

　第二节 资金供给 …………………………………… 57

　第三节 目前的运行情况 …………………………… 60

　第四节 政策性金融支持 …………………………… 72

第五章 农村金融发展与农村经济增长关系研究 …… 74

　第一节 金融发展与经济增长关系研究评述 ……… 74

　第二节 农村金融发展与农村经济增长关系研究 … 79

**第六章　农村金融发展的现状与分析** ·········· 84

第一节　农村金融体系的形成与发展逻辑 ········· 84

第二节　农村金融需求分析 ·················· 96

第三节　农村金融供给分析 ················· 104

第四节　新型农业经营主体发展的金融支持研究 ······ 112

第五节　中国农村金融发展的问题探讨 ··········· 122

**第七章　农村金融问题的破解** ··············· 130

第一节　破解农村金融难题不能泛泛而谈 ········· 130

第二节　财税支持与货币金融支持 ············· 133

第三节　让金融支持成为新农村建设的关键力量 ······ 137

第四节　社会资本扶贫政策措施研究 ············ 144

第五节　国外经验借鉴 ·················· 147

**第八章　新农村现代农业园区研究** ············ 156

第一节　现代农业园区的内涵及特点 ············ 156

第二节　现代农业园区研究现状 ·············· 159

第三节　我国农业园区发展实践的思考 ··········· 172

第四节　现代农业园区建设以及对农业现代化发展的促进研究 ··· 175

第五节　发达国家现代农业园区的发展模式及借鉴 ····· 181

**第九章　农业科技园区金融支持相关研究** ········· 184

第一节　农业科技园区金融支持研究综述 ········· 184

第二节　我国农业科技园区金融支持效应的研究 ······ 190

第三节　农业科技园区引入社会资本的 PPP 融资模式研究 ··· 200

**参考文献** ························· 205

**后　记** ··························· 207

| 第一章 | 导　论 |
|---|---|

本章主要阐述了中国农村经济体的结构和发展战略，并且详细阐明了全书的研究方法，帮助读者理清阅读思路。

## 第一节　研究背景

### 一、世界经济中的中国

美国克林顿政府创造的长达十年的经济增长繁荣时期，给中国经济增长注入了一股活力，中国的出口在美国旺盛的需求下，保持了两位数的高速增长，摆脱了内需不足的困境。但是，美国在过度消费和货币供应连年超发的重压下，于 2008 年爆发了次贷危机，并对世界经济产生了极大冲击。2009 年，欧洲出现了欧债危机，欧洲一些国家的政府由于长期实行高福利政策，而投资和生产相对不足，造成国家财政入不敷出，国家信用评级不断下调，影响了其偿债和筹资能力。遭受欧债危机的各国处于风雨飘摇之中，紧缩财政、削减支出成为摆脱危机的有效手段。欧洲的经济下滑直接影响到中国的对外出口贸易。中国作为一个国际大国，在经济发展以及人口基数上都占据着重要的国际地位，在拉动和促进国际经济水平的增长方面起到了关键的作用。然而受到美国次贷危机和欧洲经济危机的影响，中国经济增长从年均 10％ 逐渐下降到

7%。作为一个人口世界第一、经济总量世界第二的国家（2017年，中国国内生产总值为827 122亿元人民币，中国进出口贸易总额超过4.16万亿美元），如果中国经济增长过多地依赖对外经济联系，其经济发展中的不确定性就会大大增加。

可见，中国要想保持经济发展的可持续性和稳定性，避开"中等收入陷阱"，实现二次腾飞，进入发达国家行列，就必须走自主创新和内需拉动经济增长的道路。简而言之，就是外需疲软内需补，纠正内外失衡。当前，世界经济正处于从失衡到重新均衡的进程中，在这一阶段，中国又将扮演何种角色呢？中国是大国，从超过200种工业产品的产量和许多农产品的产量居世界首位就可以看出；但是中国又很弱小，因为人均GDP、人均资源水平还很低，再加上国际环境对中国的各种不利影响，中国要想发展，就要付出更多的努力。因此，中国首先要明确自己在世界经济中的定位是发展中大国，基于此，应该摒弃"各国自扫门前雪，莫管他国瓦上霜"的思想，勇于承担恢复世界经济秩序的重任。具体可以从以下几个方面着手。

首先，要改变拉动国内经济增长的"三驾马车"的分量。自20世纪90年代以来，中国经济增长主要依靠投资，尤其在亚洲金融危机中，政府主导的投资承担了拯救经济增长的职责。中国在成为世界贸易组织（WTO）成员后，开始积极主动地融入世界贸易大家庭，出口额显著增加，从而有效改善了之前国内需求不足、供给严重过剩的局面，使就业率和开工率都有明显提升。但是在欧美等地区需求下降的背景下，其后遗症也很明显。观察发达国家经济增长的原因可以发现，国民消费无疑扮演了举足轻重的角色。相比之下，我国历来忽视国内消费，这可以从中国的消费率低于世界平均水平而投资率却大大高于世界平均水平得到印证。当然这与我国收入分配体制有很大关系，在财富集中被国家掌控的前提下，国家投资自然就成了投资的主体，这与西方发达国家的投资主体存在显著区别。中国的内需潜力巨大也是中国社会阶段特点的反映。当前中国处于中等收入阶段，城市居民和农村居民的收入较以往有了很大增加，城市建设和农村建设都面临着发展的新局面，尤其是新农村建设将对拉动中国的经济起到至关重要的作用。可以想象，如果8亿农民有一半能够进城工作，中国经济增长还能再上一个新台阶。

其次，要提升中国在国际金融方面的发言权。世界经济的失衡从虚拟经济角度来看，是由于美元的垄断支配地位还未发生改变，美元的泛滥对世界贸易的不均衡影响显著。为了解决中国国内的就业问题，人民币不断贬值，扩大了出口，累积了巨额外汇储备。截至 2013 年年底，中国外汇储备已达到 3.88 万亿美元，远远超过其进口需求的合理储备。中国拥有的长期巨额的贸易顺差，对美国等国来说就是严重的贸易逆差，为了恢复贸易均衡，各国互打汇率战，货币超发、贬值幅度加快等问题严重影响了国际金融体系的稳定。毫无疑问，中国近 4 万亿美元外汇储备的去向将对世界金融市场产生巨大影响。我们需要认真思考人民币的未来。当中国经济大国的地位确立，中国外汇储备量居世界第一时，人民币也需要拥有相应的地位。当人民币距离成为世界主要货币的日子不再遥远时，中国应该在继续打开出口大门时也同步同幅度打开之前半遮半掩的进口大门，让人民币走出去，使其成为世界流通货币，这是提升人民币世界地位的主要途径。在国内原材料等资源相对匮乏的今天，利用这次千载难逢的机会，未雨绸缪，进口中国未来经济发展所需的资源以及做好石油等能源的战略储备，将起到事半功倍的效果。当人民币国际化后，在国际货币体系中拥有一席之地的人民币可以发挥更大的作用，中国在拥有世界货币的发行权和话语权后，必然会减少经济主体在交易过程中的汇率风险，这将有利于投资和贸易发展。

## 二、中国的产业构成

各产业贡献率为第一、第二、第三产业增量与国内生产总值增量之比，即某产业产值当年增量/国内生产总值当年增量×100％。拉动百分点定义为：拉动增长＝增加值较上年的增长/上年增加值。表 1-1 反映了我国三大产业在 GDP 中的地位。

表 1-1　我国三大产业在 GDP 中的地位

| 年份 | 三大产业所占比例 | | | 三大产业贡献率 | | | 三大产业拉动经济增长百分点 | | |
|---|---|---|---|---|---|---|---|---|---|
| | 第一产业 | 第二产业 | 第三产业 | 第一产业 | 第二产业 | 第三产业 | 第一产业 | 第二产业 | 第三产业 |
| 1953 | 46.24 | 23.42 | 30.34 | 24.14 | 35.17 | 40.69 | 5.15 | 7.51 | 8.69 |
| 1954 | 46.10 | 24.68 | 29.22 | 42.86 | 54.29 | 2.86 | 1.82 | 2.31 | 0.12 |
| 1955 | 46.65 | 24.37 | 28.98 | 55.77 | 19.23 | 25.00 | 3.38 | 1.16 | 1.51 |
| 1956 | 43.54 | 27.31 | 29.15 | 19.49 | 50.00 | 30.51 | 2.52 | 6.48 | 3.95 |
| 1957 | 40.60 | 28.65 | 29.75 | -35.00 | 90.00 | 45.00 | 1.36 | 3.50 | 1.75 |
| 1958 | 34.40 | 37.00 | 28.59 | 6.69 | 69.87 | 23.43 | 1.50 | 15.62 | 5.24 |
| 1959 | 26.88 | 42.78 | 30.35 | -47.73 | 100.00 | 47.73 | 4.82 | 10.09 | 4.82 |
| 1960 | 23.61 | 44.47 | 31.91 | 23.59 | 44.47 | 31.94 | 2.99 | 2.22 | 1.94 |
| 1961 | 36.45 | 31.86 | 31.70 | -42.80 | 109.75 | 33.05 | 6.93 | 17.78 | -5.35 |
| 1962 | 39.70 | 31.19 | 29.11 | -17.14 | 42.86 | 74.29 | 0.98 | -2.46 | -4.26 |
| 1963 | 40.61 | 33.01 | 26.38 | 52.94 | 57.65 | -10.59 | 3.91 | 4.26 | -0.78 |
| 1964 | 38.74 | 35.30 | 25.96 | 28.18 | 48.18 | 23.64 | 5.02 | 8.58 | 4.21 |
| 1965 | 38.26 | 35.06 | 26.67 | 35.63 | 33.72 | 30.65 | 6.39 | 6.04 | 5.49 |
| 1966 | 37.80 | 37.91 | 24.29 | 32.69 | 69.23 | -1.92 | 2.97 | 6.29 | -0.17 |
| 1967 | 40.51 | 33.88 | 25.62 | -13.98 | 115.05 | -1.08 | 0.69 | -5.71 | 0.05 |
| 1968 | 42.37 | 31.04 | 26.59 | -24.00 | 132.00 | -8.00 | 0.67 | -3.71 | 0.22 |
| 1969 | 38.18 | 35.41 | 26.41 | 4.63 | 70.37 | 25.00 | 0.58 | 8.79 | 3.12 |
| 1970 | 35.38 | 40.34 | 24.28 | 18.10 | 70.79 | 11.11 | 2.93 | 11.46 | 1.80 |
| 1971 | 34.25 | 42.01 | 23.74 | 19.54 | 63.79 | 16.67 | 1.50 | 4.91 | 1.28 |
| 1972 | 33.00 | 42.85 | 24.15 | 1.05 | 64.21 | 34.74 | 0.04 | 2.51 | 1.36 |
| 1973 | 33.52 | 42.92 | 23.56 | 39.90 | 43.84 | 16.26 | 3.20 | 3.52 | 1.30 |
| 1974 | 34.02 | 42.51 | 23.47 | 53.52 | 26.76 | 19.72 | 1.39 | 0.70 | 0.51 |
| 1975 | 32.53 | 45.50 | 21.97 | 12.44 | 85.65 | 1.91 | 0.93 | 6.38 | 0.14 |
| 1976 | 32.96 | 45.15 | 21.88 | 7.69 | 65.38 | 26.92 | 0.13 | -1.13 | -0.46 |
| 1977 | 29.52 | 46.85 | 23.63 | -9.62 | 66.15 | 43.46 | 0.84 | 5.81 | 3.82 |
| 1978 | 28.20 | 47.87 | 23.92 | 18.16 | 55.66 | 26.18 | 2.39 | 7.33 | 6.45 |
| 1979 | 31.26 | 47.11 | 21.63 | 57.89 | 40.43 | 1.67 | 6.64 | 4.64 | 0.19 |
| 1980 | 30.18 | 48.22 | 21.60 | 21.12 | 57.56 | 21.33 | 2.51 | 6.84 | 5.54 |
| 1981 | 31.87 | 46.12 | 22.02 | 54.05 | 18.50 | 27.46 | 4.11 | 1.41 | 2.09 |
| 1982 | 33.38 | 44.77 | 21.85 | 50.58 | 29.47 | 19.95 | 4.46 | 2.60 | 1.76 |

续 表

| 年份 | 三大产业所占比例 | | | 三大产业贡献率 | | | 三大产业拉动经济增长百分点 | | |
|------|--------|--------|--------|--------|--------|--------|--------|--------|--------|
| | 第一产业 | 第二产业 | 第三产业 | 第一产业 | 第二产业 | 第三产业 | 第一产业 | 第二产业 | 第三产业 |
| 1983 | 33.17 | 44.37 | 22.46 | 31.41 | 41.09 | 27.50 | 3.78 | 4.94 | 3.31 |
| 1984 | 32.13 | 43.09 | 24.78 | 27.15 | 36.95 | 35.90 | 5.67 | 7.71 | 7.50 |
| 1985 | 28.44 | 42.89 | 28.67 | 13.72 | 42.09 | 44.19 | 3.44 | 40.56 | 11.08 |
| 1986 | 27.14 | 43.73 | 29.13 | 17.87 | 49.72 | 32.41 | 2.50 | 6.94 | 4.53 |
| 1987 | 26.81 | 43.55 | 29.64 | 24.89 | 42.54 | 32.57 | 4.32 | 7.39 | 5.65 |
| 1988 | 15.69 | 43.79 | 30.52 | 21.18 | 44.74 | 34.08 | 5.24 | 11.07 | 8.43 |
| 1989 | 25.11 | 42.83 | 32.06 | 20.57 | 35.45 | 43.97 | 2.67 | 4.59 | 5.70 |
| 1990 | 27.12 | 41.34 | 31.55 | 47.49 | 26.19 | 26.31 | 4.68 | 2.58 | 2.60 |
| 1991 | 24.53 | 41.79 | 33.69 | 8.99 | 44.49 | 46.51 | 1.50 | 7.42 | 7.76 |
| 1992 | 21.79 | 43.46 | 34.75 | 10.21 | 50.53 | 39.26 | 2.41 | 11.93 | 9.27 |
| 1993 | 19.71 | 46.57 | 33.72 | 13.04 | 56.52 | 30.44 | 4.07 | 17.66 | 9.51 |
| 1994 | 19.86 | 46.57 | 33.57 | 20.28 | 46.57 | 33.15 | 7.38 | 16.96 | 12.07 |
| 1995 | 19.96 | 47.17 | 32.86 | 20.35 | 49.49 | 30.16 | 5.32 | 12.93 | 7.88 |
| 1996 | 19.69 | 47.54 | 32.77 | 18.10 | 49.66 | 32.25 | 3.09 | 8.48 | 5.51 |
| 1997 | 18.29 | 47.54 | 34.17 | 5.48 | 47.56 | 49.96 | 0.60 | 5.21 | 5.14 |
| 1998 | 17.56 | 46.21 | 36.23 | 6.93 | 26.91 | 66.16 | 0.48 | 1.85 | 4.55 |
| 1999 | 16.47 | 45.76 | 37.77 | -0.91 | 38.48 | 62.43 | 0.06 | 2.41 | 3.90 |
| 2000 | 15.06 | 45.92 | 39.02 | 1.83 | 47.41 | 50.75 | 0.20 | 5.04 | 5.40 |
| 2001 | 14.39 | 45.15 | 40.46 | 8.01 | 37.89 | 54.10 | 0.84 | 3.99 | 5.69 |
| 2002 | 13.74 | 44.79 | 41.47 | 7.08 | 41.07 | 51.85 | 0.69 | 4.00 | 5.05 |
| 2003 | 12.80 | 45.97 | 41.23 | 5.46 | 55.13 | 39.42 | 0.70 | 7.10 | 5.07 |
| 2004 | 13.39 | 46.23 | 40.38 | 16.76 | 47.67 | 35.57 | 2.97 | 8.44 | 6.30 |
| 2005 | 12.12 | 47.37 | 40.51 | 4.02 | 54.65 | 41.33 | 0.63 | 8.57 | 6.48 |
| 2006 | 11.11 | 47.95 | 40.94 | 5.16 | 51.38 | 43.46 | 0.88 | 8.72 | 7.37 |
| 2007 | 10.77 | 47.34 | 41.89 | 9.27 | 44.67 | 46.06 | 2.12 | 10.22 | 10.54 |
| 2008 | 10.73 | 47.45 | 41.82 | 10.52 | 48.04 | 41.44 | 1.91 | 8.72 | 7.52 |
| 2009 | 10.33 | 46.24 | 43.43 | 5.67 | 32.15 | 62.17 | 0.49 | 2.75 | 5.32 |
| 2010 | 10.10 | 46.67 | 43.24 | 8.76 | 49.07 | 42.17 | 1.56 | 8.73 | 7.50 |
| 2011 | 10.12 | 46.78 | 43.10 | 10.25 | 47.41 | 72.35 | 1.79 | 8.27 | 7.39 |

注：数据来源于《中国历年统计年鉴》，经计算整理得到，在计算贡献率时仅考虑名义值。（单位:%）

中华人民共和国成立后的前40年，中国的产业结构一直处于"农业占比较大、轻重工业失衡、第三产业严重滞后"的不合理状态，其中农业占比一直在20%以上，而服务业占比直到1988年才超过30%。因此在20世纪80年代初期，为了纠正畸形的产业结构，中央以农村经济体制改革为突破点，大力发展农业，同时优先发展工业中的轻工业。1992年，邓小平同志南方谈话后，中国掀起了一股投资热潮，但同时，科技含量低、产能严重过剩的一般加工工业的过度投资造成了经济过热现象。在经济增长成功实现软着陆后，第一产业比重继续下降，从1992年的21.79%一直下降到2011年的10.12%；而第三产业则得到了进一步发展，从1999年的34.75%稳步增长到2011年的43.10%；同时第二产业内部结构升级明显，表现为科技含量高的制造业和电子通信业的比重明显上升。然而这一发展阶段中也存在很多困难，这一阶段中的国家指定主导企业，如电子机械、汽车、化工、建筑等相关产业的国内经济收益以及国外经济收益都不容乐观，原因在于我国政府对于以上产业的过度保护和扶持政策。我国在进出口关税、价格拟定等方面都有严格的设定，一定程度上影响了以上产业的发展。过度垄断的产业地位不仅没有起到对产业链的保护作用，反而降低了其产品在国内外的市场竞争力，进而影响了产业发展的动力。中国加入世界贸易组织（WTO）后，国家对农业生产给予了很大投入，"多予少取""放开搞活"等政策促进了粮食生产，农民收入有了较大提高；工业领域的竞争程度日趋激烈，高新技术广泛应用到传统产业的优化升级和改造中。在地方政府狂热追求GDP的盲目冲动下，第二产业所占比例一直维持在45%左右，而服务业所占比重始终未能超越工业。从贡献率指标来看，自2001年以来，除2001年、2002年和2009年服务业的贡献率超过50%以外，其他年份服务业贡献率均不足50%。

简单来说，中国产业结构突出的问题是农业基础薄弱，主要表现在农业科技支撑有限、农业机械化应用空间小、农业规模化未成气候上。在农业发展中基础设施不足表现得尤为突出，其中农村的路、电、气等公共设施建设亏欠严重。第二产业在"国进民退"和政府投资冲动的背景下已经取得了很大进步，表现为其行业集中度和生产率有了一定提高，但这是以抑制民营企业发展作为代价取得的。第三产业发展相对滞后。

## 三、二元结构中的农村、农民与农业问题

荷兰社会学家伯克于 1953 年在其专著《二元社会的经济学和经济政策》中最先提出了"二元结构"的概念。在提出这一理论之前，他调查了当时的印度尼西亚社会的发展状态，发现殖民地地区的区域工业发展已经远远超过了乡村地区的工业化进程。殖民地区域已经步入现代化的发展阶段，而更为广大的乡村地区仍旧处于传统工业阶段。固有的社会现象改变了一元同质社会，向二元异质社会转变。这样的社会发展现象普遍存在于各国的社会发展中，在经济快速发展的情况下，原有的生产模式难以满足这一阶段的经济发展需求，这便迫使劳动者提升劳动效率、扩大生产规模、变革社会组织方式。传统的农业劳动模式被更加具有科技含量的生产方式所取代，城市化进程更快，一部分农民转移到城市工作，社会角色由农民转化为工人。社会中农民数量的减少，工人数量的增加，促进了工业生产向现代化方向的转变，也促进了科学技术与农业生产之间的结合。当社会中农业生产与工业生产水平同步提升，逐渐向科学技术引导的生产方式靠拢时，之前的二元化社会又将向一元化社会转变。这样的转化方式就是社会变革中的"螺旋式"进程。

美国经济学家钱纳里曾经针对众多发达国家以及发展中国家的社会二元化进程做出了研究与总结，得出了以下结论：社会中经济结构的转型过程是否顺利，直接影响社会在一定阶段内的经济建设与经济发展。社会经济结构的转型过程，即由以农业为主的社会经济结构向以工业为主的社会经济结构转变。在他所取样研究的国家中，发展中国家的社会经济结构转型问题相比发达国家更为鲜明，所面临的社会问题和人文问题也更为严峻。

纵观现阶段的中国经济发展情况，改革开放正在如火如荼地进行，一系列的经济政策也相继出台，中国正处于经济建设的关键时期。第一，部分农村地区的经济模式已经难以适应当前高速发展的经济环境，需要进行整合和革新；第二，一旦中国的乡村与城市顺利实现一元质与

二元质的社会模式转变，中国经济发展将迎来一个前所未有的快速提升的"黄金阶段"，获得更为理想的经济收益以及国际经济地位。中华人民共和国成立初期，中国与苏联关系密切，在苏联的经济技术支持之下，我国进行了针对农业以及工业的整改，大力发展工业建设以提升我国的经济水平。1959年，中国与苏联的关系发生了转变，苏联撤走了大批技术人员和资金，中国的工业化建设一度搁浅，大量由农村转向城市进行工业化建设的农民再一次返乡从事农业生产工作。城市的现代化进程与农村的传统农业生产之间的差异在我国呈现出鲜明的对比，二元质的社会模型已经形成。

第十二届全国人民代表大会以来，我国相继出台了诸多文件用以调整现阶段二元社会结构，但是现阶段的社会问题已经根深蒂固，并且衍生出了具有自身特点的一系列的子问题，其中城乡协调发展能否顺利进行是值得我们思考的重要问题。在引起了社会各界广泛关注的"三农"问题的解决过程中，农民主体地位的树立和农民既得利益的保护是"三农"问题中的重要组成部分。现阶段，进城务工的农村人口基数不断扩大。我们可以看到众多农民为城市建设所付出的辛劳和努力，然而在这一切努力的背后，农民的生活水平并不理想，诸多农民生活中的利益难以得到保障。城市居民与农村居民的生活水平、利益保障、思想文化均存在着较大的差异，这是二元化社会模式难以突破的症结之一。

我国是一个国土面积较为庞大的国家，人口基数居于世界首位。现实的国情提醒我们农业对于我国的重要性，但传统的农业又在一定程度上阻碍了社会的发展和经济的进步。那么应当如何规划二元化社会模式下的农业发展前景呢？美国经济学家舒尔茨在这一问题上做出的回答是：将传统农业引导到现代化发展的道路上。作为农业生产主体的农民，只要掌握了现代化的生产技术，提升了农业生产的机械化水平，就能促进农村的经济建设。农民是否能够正确掌握机械化、现代化的生产经营方式主要取决于农民的受教育程度和素质，农民的受教育程度又取决于农村对教育事业的投资，即青少年的义务教育和农村人力资源的建设和引进。例如当今世界中的经济强国美国，在美国农业经济崛起的过程中，主要依靠农业生产的现代化改革，这一举措的前提是美国大量投资乡村农民教育。从美国的农业经济振兴历程我们可以看出，农村教育投资与农业经济收入成正相关，若农村教育投资提升 10%，农业经济收入会随之提升 30%。美国正是由于增加了对于农民的基础教育投资，促进了农民对于科学技术的掌握程度，扩宽了农业生产机械化的使用范围，从而促进了美国农业生产的经济崛起。美国从事农业生产的人口在国家人口中仅占 2%，但是其生产出的农产品除去进出口贸易外还能够供给 3 亿国人的日常消耗。我们把目光转向中国农业的发展情况，复杂的林地、土地问题制约了农民的个人发展环境，阻碍了农业机械化的建设发展，使新农村建设举步维艰。

## 四、"新农村"战略的提出

自 1979 年开始，我国在农村地区实行了"家庭联产承包责任制"，这一制度的实行使中国农村的发展和建设进入了一个全新的阶段。农民对于土地所有权的掌握大大提高了农民的劳动生产积极性，因此，我国的农业生产和农业经济进入了高速发展的阶段。在农村经济快速发展的同时，城市中的经济发展以及城市化进程更远远超过农业生产的发展速度，致使大部分农民转移到城市务工。而且，我国长久以来一直提倡"农村支援城市"和"农业支援工业"的政策，这些共同造成了农业生产在国家建设中至今仍被当作后备力量的现状。城市建设对农村发展的冲击还远远不止于此，城市建设在不断完善的同时，对于自然资源以及农村劳动力资源的索取日益扩大，由此产生了农村青壮年人口进城务工的情况，农村土地、林地成为城市建设中挖掘的自然资源，农村金融机构不断将农村资金收集之后转向城市建设，以谋取在经济发展中更为丰厚的收益。城乡差异越来越大的原因在于城乡之间未形成良好的联合互助关系，城市的一味索取，乡村的发展困难，造成二者之间的差异越发明显。

城乡的不均衡发展无疑对 21 世纪中国全面建成小康社会造成了巨大阻碍。现阶段如果想要改变农村地区的贫困状态，首先就要建设农村的经济发展框架，不断提升农村的经济发展活力，提升农村居民的生活水平以及购买力。要实现以上条件，需要实行"城市反哺农村"的策略，将城市发展中的先进经验和农村地区的发展情况结合起来，这样才能在农村地区实现新的飞跃。

党的十六届五中全会明确提出了"新农村"包括五个方面的内容，即新房舍、新设施、新环境、新农民、新风尚。社会主义新农村的创建并不是一个孤立的政策，它与全面建设小康社会是分不开的。《中共中央关于制定国民经济和社会发展第十一个五年规划的建议》中，提出要按照"生产发展、生活宽裕、乡风文明、村容整洁、管理民主"的要求，扎实推进社会主义新农村建设。2014 年 3 月，国家出台了《国家新型城镇化规划（2014—2020 年）》，该文件对于我国城镇化建设具有战略性的指导意义，其中对于城镇化的发展规律、城镇化的驱动力，以及城镇化与工业化、信息化和现代化相辅相成的关系的认识和通过深化制度变革促成农业人口的转移的论述，都是极具意义的。

经济基础决定上层建筑，上层建筑反作用于经济基础。在农村经济建设中，农民逐渐提升的生活水平是衡量经济建设成功与否的标尺之一，农民经济生活的不断灵活提升亦是促进农村经济建设的因素所在。因此，在新农村经济建设中，农民生活水平与农村经济改革具有相辅相成的关系。

乡村文明是农民科学文明水平和思想道德水平不断提升的表现。当农民群体的受教育程度以及道德素养达到了一定的高度时，必然会形成一个家庭和美、互相帮助、稳定康泰的农村大环境。村容整洁是新农村展现给外界的第一印象，是人与自然的和谐发展、乡村建设与自然环境的良性结合、乡村治理最为直观的体现。民主管理是新农村建设中的政治保证，我国是人民民主专政的社会主义国家，人民是国家的主人。农民拥有一系列的权利与义务，对其进行民主化的管理才能真正激发农村居民的生产生活积极性，激发其主人公意识，从农村的主体开始建设社会主义新农村。

新农村的改革和建设的过程不是一蹴而就的，而是一个系统的、完善的革新措施。它涉及多年来农村剩余劳动力的不合理转移的纠偏。在此基础上，对农村进行城镇化改造、提升农业产业现代化水平和加强对农民知识技能的培养，才是对农村的真正理解和解放。农村人口流失过多，"留守儿童"和"留守老人"的出现，直接影响了农村的发展与建设，不仅不利于农村的经济发展，还会造成农村建设的瓶颈。

# 第二节 研究意义

在研究农村经济发展与农村金融体制改革的关系这一课题时，应当尤为重视农村金融体系改革对于农村经济建设的重要作用。以上课题的研究，对于我国农村建设具有十分重要的理论与现实意义。

首先，对于我国农村金融体系的建立与完善具有指导作用。长期以来，我国主要向西方学习农村体制机制改革的策略，但是由于中外之间人文、地理等诸多因素的差异导致中国难以在国内施行国外的建设方针。本文中的课题研究结合了现阶段我国农村地区的发展情况，进行了具有中国特色的新农村建设研究，能够有效弥补一味向国外学习的局限性。

其次，有利于发现并解决现阶段我国农村发展中存在的问题。本文研究和分析了中国农村发展的现实情况，并且整理了国内外对于农村发展的部分理论研究文献，将理论基础与现实情况相结合，寻找中国农村建设中存在的问题并提出了相应的解决方式，为我国的农村建设事业提出了具有建设意义的意见和建议。

最后，有助于我国新农村建设事业的蓬勃发展。我国的新农村建设事业并不是一朝一夕能够完成的，需要政府、农民、社会各界协同完成。新农村建设的目标是为了农民的生活水平能够有更大程度的提升和发展，农村经济水平得到显著的增强，农村居民的精神生活与物质生活同样丰富，从而逐渐缩小城乡之间的差异，尽早实现全面建成小康社会的战略目标。

# 第三节　研究思路与方法

## 一、研究思路

在我国的新农村发展建设的过程中，面临的主要的建设问题就是农村建设中的农村经济发展策略。对这一问题的探讨，不仅仅局限于经济层面，更涉及了文化、政治、人文等多个社会层面，是一个综合性的研究课题。可以说，对这一问题的研究需要始终突出核心和把握主线，泛泛而谈地梳理材料式的研究只会迷失研究的初衷，无法取得有价值和指引性的建设性成果。

本书梳理了新农村建设中最需要解决的问题，即投、融资（更多的是融资）问题，并以此为中心，将"金融支持"提炼出来，作为问题研究及政策探讨的落脚点，始终围绕"金融支持"展开讨论，并且将"金融支持"与新农村建设优化整合。

实际上，商业性金融具有参与新农村建设的诉求，但在缺乏赢利模式和综合担保的情况下，不敢贸然参与到新农村建设中来，而此时政策性金融的介入可以在很大程度上消除商业性金融的顾虑。对这样一种在当前某些地区已经取得成效的模式的探讨，构成了本书研究的主要内容。对"建设新农村的银行"（中国农业发展银行）的分析，为政策性金融引领、支持新农村建设的金融体系模式的构建提供了重要的参考。围绕金融支持，除了以中国农业发展银行作为案例的模式探讨外，本书还针对农村金融支持体系构建和发展的深层次问题，从发展战略、体制、政策等方面进行了深入剖析，以此作为推动新农村建设中完善金融体系的重要力量，指出了金融资源进入新农村的"荆棘"，并为"砍平"这些"荆棘"提供了切入点。

金融支持是本书研究的出发点和落脚点，也是全书研究的中心内容。但正如前文所述，"新农村"问题十分复杂，涉及社会生活的方方面面，在切入金融支持问题前，有必要梳理和界定本书研究内容的载体——新农村。只有充分理解新农村的概念、范围及未来发展情境，才能将金融支持与其载体新农村有效地结合在一起，才能不偏离本书研究的中心。

农村问题，更普遍的提法是"三农"问题，是我国社会经济发展中的基础性问题。中国自古以来就十分重视农业发展，因此对解决农业问题也更加具有一种沉甸甸的责任感和使命感。无论是"三农"，还是新农村的提法，本质上都是为了提升农村地区的发展水平，满足农村地区人民提高生活水平的需求。现今，在经过了历史上无数次农村运动试验后，金融支持方式成为解决"三农"问题的主要方式。历史上，无数仁人志士曾经为促进农村问题解决进行过多次的试验、运动，采取的方式多种多样，甚至有变革土地所有权的极端化方式（之所以说改变土地所有权的方式是极端的，是因为这种方式往往伴随着暴力，在运动过程中多偏离农村问题的中心，也无法很好地解决农村问题）。梳理农村建设的历史经验，可以发现诸多在当时看来十分超前、今天看来却极具借鉴意义的思想，这些都为当前新农村建设提供了重要参考，中国农村问题数千年的博弈，使得这些经验弥足珍贵。

新农村建设作为当前时期中国农村问题的集中解决方案，其提出具有十分重大的意义，是截至目前解决农村问题的最全面、最深入和最根本的纲领性思路。

新农村建设规划了中国农村的发展前景，提出了实现这一目标的主要途径。自 2005 年新农村建设提出以来，在宣传认识新农村内涵的基础上，诸多实践探索也在不同地区、不同程度地开展，在部分地区取得了一些良好的经验，并进一步形成了若干值得借鉴的有效模式。这些积极的做法虽然并不能囊括新农村建设所提的"二十字方针"和目标，但至少在当前水平下取得了明显的进步，对解决农村建设难题、提升农民生活水平意义重大；更为重要的是，通过这些典型而有意义的探索，我们似乎摸索出了一条新农村发展的模式。这种模式一方面促进了农民生活水平的提高，另一方面在这一过程中推动了当地的城镇化发展进程。如上文所言，中国对农村问题的认识千差万别、头绪纷杂，不仅认识上极难统一，而且存在诸多偏颇和错误，就最新的新农村而言，也存在大量的认识误区。本书在探讨过程中，就目前普遍存在的认识误区进行了深入分析，以期为扭转错误认识提供参考与借鉴。

以上两个部分——新农村和金融支持是本书研究的中心内容，是本书分析探讨的基本出发点，但这两部分并非是割裂的，而是有机结合的整体。金融支持是支持新农村建设，我们研究探讨的金融支持也是在新农村建设的框架和范围内，研究的重要目标之一是探讨两者间有机结合的"阈点"，即找出两者统一结合的"口径"，以防止出现把"小水龙头接在大水管上"的问题。

金融支持是全书研究的主线和出发点，研究分析的目标在于努力构建支持新农村建设的良性金融发展体系。一旦涉及体系，就需要突出体系的核心以及相关制度、监管等不可或缺的因素。本书在综合研究的基础上，以展望的形式，就建立农村金融支持的体系目标进行了勾勒和分析，并就着重需要注意的问题进行了细致的分析，以期切实推动金融支持成为新农村建设的关键力量，将其内化在新农村建设中。

新农村建设是当前解决中国农村问题的纲领性思路，未来中国农村走向何方值得深入思考。种种迹象表明，中国农村问题的解决思路似乎正伴随中国经济社会发展形势的变化而出现变动，一种更为具体化和实践化的解决方案——新型城镇化——似乎抓住了工业时代中国农村问题的关键。虽然新型城镇化并未正式成为解决中国农村问题的纲领性方案，但推动新型城镇化已成为当前乃至以后助力解决农村问题的重要切口。就行动方案的全面性来说，新型城镇化无法取代新农村，后者包含的内容更为全面翔实，包括农村发展的方方面面，而城镇化则相对无法实现如此诸多方面的目标，但新型城镇化作为更具可操作性的发展目标，其带来的综合性影响同样十分巨大。其中，中国农村如何从新农村建设过渡到新型城镇化，是极具历史传承性及强烈时代特色的重要课题。

以上是本书研究的主要内容，其逻辑是由对新农村问题的解读与以史为鉴的思考，引入以金融支持为出发点的系统性探讨，并围绕政策性金融与商业性金融的关系，将中国农业银行作为政策性金融的代表，分析构建农村金融支持体系的可行性。在此基础上，本书将进一步展望可持续的农村金融支持体系的发展前景。最后，作为全书研究的延伸，将新型城镇化纳入其中，以探寻中国农村问题解决与发展中的历史传承和时代要求。

## 二、研究方法

本书采用了以下的研究方式对课题进行研究与讨论。

（1）原理与方法论相结合的方式

本书中提出了部分经济发展中的论述方法，即建设过程中的原理。结合相关的农村经济发展情况，叙述了经济发展、制度完善以及金融体系建设等方面的理论性依据。之后结合相关的案例，具体分析了农村经济建设中的一些实际问题，即农村经济发展的原因，农村经济发展中经济水平提升或降低的原因，农村经济发展规模对于整个农村金融体系建设的意义等。

（2）整体分析与局部分析相结合的方式

本书中采用了局部问题剖析与整体问题整合相结合的方式。在局部问题的分析上，利用相关因素建模的方式进行精确计算，根据计算结果分析出在农村经济发展中呈现出的发展态势以及未来的发展预期。根据研究结果探寻中国农村金融的发展与整个农村经济增长之间的联系，并且对二者之间的联系因素与程度进行了论述，进而得到农村经济增长与农村金融发展之间的最佳结合方式。用以上的研究数据及研究成果论证笔者的研究观点。

（3）全方位多角度的对比方式

在本书的内容中，对比的角度并没有局限在相关因素的静态对比上，而是采用了静态对比与动态对比相结合、横向对比与纵向对比相结合的方式。全面认识当前我国农村经济发展存在的优势和劣势之后，与国外具有一定经验的发达国家农村经济发展过程进行对比，通过比较来发现现阶段我国农村经济发展中有待提升和完善的部分；将国外在农村经济建设中实行的方式和策略与我国现阶段农村经济发展进行对比，选择适合我国的农村经济发展方针。在以上多重对比之下，寻找最适合我国农村经济以及农村金融发展的方式方法，进而支持笔者的论述观点。

# 第二章　金融相关理论分析

本章就金融发展的相关理论进行了系统论述，在此基础上对农村金融的发展进行了一定的理论分析和论述。

## 第一节　金融发展与经济增长

### 一、金融发展理论

金融合约、金融市场以及金融中介的产生都是源于市场中对于客户信息的获取以及经营收益的追求，并且以上三者都遵循相关法律法规的约束，遵循市场经济中对于税收政策和监管制度。金融体系的出现改善了金融交易中时间和空间的限制，银行作为金融机构的代表性产物之一，能够有效获取客户的相关信息。受益于大数据时代网络通信的快速和便捷，金融行业革新了传统经济模式下的信贷流程。与此同时，金融合约的产生与发展，为金融体系下的银行业务提供了法律制度层面上的保证，提升了业务办理客户的信任度和信心，革新了诸多银行业务的办理流程。

相关学者戈德·史密斯（Gold Smith）在《金融结构与发展》中曾经提出这样的理论：金融发展是金融结构的变迁和演变。金融结构指的是不同种类的金融工具与金融机构的相对规模及其作为金融上层建筑与经济基础之间的关系；金融发展指的是金融结构由一种状态向另一种状态的演变。学者麦金农（Mckinnon）在相关领域的研究中，将"金融发展"与"金融增长"列为同一理论概念。他在《经济发展中的货币与资本》一文中将"金融增长"划分为两个部分：其一，指的是以货币供应量的变化、货币需求量的变化等为表现的金融变量的增加；其二，指的是以金融资产为主的不动产的数量变化。学者肖（Shaw）在相关研究中提出了"金融深化"理论，在《经济发展中的金融深化》一文中，他将"金融深化"这一概念的表现划分为四类：第一，金融资产的种类数量得到了提升，在金额、期限、业务类型上都有一定的变化；第二，金融资产的数额和交易频率仅依靠国内的资金储蓄，而并非国外；第三，金融体系更具科学性，业务流程更为规范合理；第四，信贷利率更能体现投资者的替代消费意图。[①] 学者罗斯·莱文（Ross Levine）将研究角度定位于金融体系的功能，研究结果展示了金融发展中金融体系功能的不断完善的相关表现，从而得出金融发展水平的判定。当金融工具、市场和中介降低了信息、执行以及交易成本时，金融发展也降低了市场摩擦，影响了储蓄和投资决策，从而影响了经济增长水平。[②]

　　以上是国外金融界相关学者的一些研究成果。本书对于金融发展（Financial Development）的定义是金融交易规模的扩大和金融产业的高度化过程带来金融效率的持续提高。体现为金融压制的消除、金融结构的改善，即金融工具的创新和金融机构适应经济发展的多样化。某一国家和地区的金融发展状况与社会性质、经济变革程度、人文环境都有深刻的联系。金融发展具有其独特的特点和表现方式：

　　第一，信息统筹和资本配置的功能。投资者在进行投资之前需要对投资企业的现阶段经营水平、未来经营预期、企业在市场中的发展前景和发展预期等相关因素做出评估，判断企业投资的收益金额。以上资料的总结和整理、预算和估计过程需要搜集大量的信息，具有较高的信息

① Shaw，E S. *Financial Deeping in Economic Development* [M]. Oxford University Press，1973.

② Ross Levine. *Chapter 12 Finance and Growth：Theory and Evidence* [J].Elsevier B. V.2005（2）：865-934.

成本。因此,投资者进行资金安排的准备工作时是十分谨慎的,只有对企业充分了解后,才能决定投资与否。金融机构在信息收集和整理方面降低了企业自行搜集信息过程中的成本消耗,提升了投资企业的资源配置水平。[①] 当金融中介这一机构不存在的时候,投资企业由于对自身的经营风险和收益考虑而进行的企业信贷评估所消耗的成本较大,对于自身的资金基础也具有一定的压力。因此,投资企业可以建立自身的金融中介,在进行投资或者是自身信贷的过程中,能够减少征信调查中不必要的成本流失。艾伦(Allen)、巴塔查理亚(Bhattacharya)、菲德勒(Pfeiderer)、罗摩克里希南(Ramakrishnan)和塔克尔(Thakor)对相关课题进行研究的过程中,采用了建模的形式,将金融中介机构定义为社会信息生产企业,金融中介负责企业投资中的信息获取和整合工作,节约了资金成本,促进了经济的增长速度,提升了信息的整合效率,能够更好地进行信息资源的配置。格林伍德(Greenwood)和约万诺维奇(Jovanovic)在研究中建立了经济增长与金融发展的关系模型,其中金融中介的职能就是将企业相关的信息进行收集和整合,能够有效促进经济增长。

然而金融中介并不是凭空产生的,需要一定的建设成本。金融中介在整合多方信息进行合理的信息配置的同时,降低了企业的投资风险,提升了企业的自我认知程度,能够在一定程度上促进企业进行自我改革和完善。学者阿西莫格鲁(Acemoglu)研究影响企业创新的各项因素时发现,金融市场的信息不健全会导致企业的生产经营状态不佳,对其产生一定束缚,约束了企业的创新意识和创新行为。随着我国金融领域的不断发展,以上所说的对于企业的约束力量也不断减小,企业的创新思想和创新能力也有所提升。此外金融市场的发展规模和机制的不健全也会影响人力资源的建设和发展。在金融市场发展不健全、经济水平不稳定的情况下,企业和个人的资金积累不足,对人才的吸引能力较差,不利于企业的提升。因此,不管我们的研究视角是长远的还是仅限于短

---

① Boyd, J. H, E. C. Prescott. *Financial Intermediary-Coalitions* [J]. Economics Theory, 1986 (38): 211-232.

期经营，金融环境的不断完善和发展都能影响经济市场的发展水平。[①]

第二，完善企业的监管监督，规划企业的科学治理。公司能否有效科学地进行自身的治理，是判断公司经营成功与否的因素之一。金融机构作为外部监督体系能够研究企业管理者、决策者带给企业的经济意义，提升企业资本流动的价值，为企业的招商引资提供渠道。但是，如果没有金融体制为公司的运营管理做出保障，企业的资本储备和经济效益必将受到影响。学者阿吉翁（Aghion）运用现金流学说研究并发现，企业选择债务融资或信贷融资的方式进行资本积累，一定的经营压力会激发企业的生产经营积极性，加速企业的提升速度。学者戴蒙德（Diamond）在研究中建立了金融中介与企业管理情况的研究模型，金融中介的职能是将居民资金流转化成储蓄资金并将储蓄资金转化为企业贷款。[②] 金融中介既是监督机构的组成部分，又是企业进行金融活动时的参与者，在促进企业经济运行流程顺畅的同时又有效降低了企业的经营消耗。根据模型研究的结果表明，金融中介在经济发展中，不仅帮助公司处理了自身经营中的问题，还促进了经济的增长。学者本奇文佳（Bencivenga）和史密斯（Smith）的相关研究表明，金融中介在金融活动中有效降低了企业监督管控的成本消耗，提升了企业的业务办理效率，促进了经济水平的提升。[③] 学者苏斯曼（Sussman）和哈里森（Harrison）建模的主要因素是双方获取信息不对称的情况下金融中介与经济增长之间的关系。[④] 研究表明，金融中介对于信贷双方信息的获取和研究，降低了金融活动中的风险，能够将金融业务与监管职能相结合，促进经济水平的提升。学者德拉福恩特（De La Fuente）和马林（Marin）的建模因素涉及金融中介与创新行为。研究发现，金融中介

①　Galor, O. and J. Zeira. *Income Distribution and Macroeconomics* [J]. Review of Economic Studies, 1993 (60): 35-52.

②　Aghion, P. M. *Dewatripont and P. Rey. Competition, Financial Discipline and Growth* [J]. Review of Economic Studies, 1999 (66): 825-852.

③　Diamond, D. W. *Financial Intermediation and Delegated Monitoring* [J]. Revie of Economic Studies, 1984 (51): 393-414.

④　Bencivenga, V. R. and B. D. Smith. *Some Consequences of Credit Rationing in an Endogenous Growth Model* [J]. Economic Dynamics and Control, 1993 (17): 97-122.

的合理化运行有利于企业创新精神和创新意识的提升，能够稳定借贷双方的征信体系，促进经济水平的提升。学者博伊德（Boyd）和史密斯（Smith）针对国际市场上的资本流动情况进行分析，得出结论：资金短缺国家与资金较充足国家之间的资金流是由资金短缺国家流向资金充足国家。[①] 原因在于经济水平较高的国家拥有稳健良好的金融中介，能够对信息和资金进行有效的宏观调控和统筹规划；经济水平较差的国家往往监管监督机制较弱，金融中介制度的缺失造成了这一差异。[②]

第三，降低和分散企业的经营风险。经营风险主要有三种，即截面风险、跨期风险和流动性风险。金融体系在降低风险部分的职能是改善现有的资源配置关系，调整储蓄利率，分散部分风险，降低风险对于某一金融环节的打击。金融市场通过对经营中的投资者风险进行分散，确保投资项目的预期收益金额不受影响。学者阿西莫格鲁（Acemoglu）和齐利波蒂（Zilibotti）将截面风险的降低与提升作为研究因素进行建模。[③] 建模中提出了以下假想：某一高风险项目的投资风险不可分散，并且前期投资金额较大，由于现阶段的投资金额与投资风险均较大，企业基于对自身资金的谨慎心态，将会放弃高风险投资项目。研究结果表明，金融体系将投资者的投资进行合理的调整组合能够增强储蓄资金的使用效率，增加高风险投资的经济效益。学者金（King）和莱文（Levine）从技术提升的角度进行了相关研究，证明截面风险更有助于企业创新意识的提升和强化。投资者和参与者都希望企业能够不断提升自身的创新意识，增强企业的产品研发效率，取得更好的经营成果。我们都知道创新具有一定的风险，那么该如何减弱创新机制中带来的经营风险和投资风险呢？答案就是分化金融产品。这一举措不仅能降低投资者的投资风险，更能提升技术水平，推进经济增长。金融体系在跨风险分担

① De la Fuente, A. and J. M. Marin. *Innovation, Bank Monitoring, and Endogenous Financial Development* [J]. Monetary Economics, 1996 (38): 269-301.

② Boyd, J. H. and B. D. Smith. *Intermediation and the Equilibrium Allocation of Investment Capital: Implications for Economic Development* [J]. Monetary Economics, 1992 (30): 409-432.

③ M. Obstfeld. *Risk-Taking, Global Diversification, and Growth* [J]. American Economic Review, 1994, 84 (5): 1310-1329.

部分也有相应的方式进行风险的减弱和化解。经济市场的发展情况瞬息万变，风险与挑战是并存的，然而这一风险并非难以预期和规避[①]，金融中介的加入可以在一定程度上减缓这一风险带来的影响，在经济发展稳健阶段，经济效益较低；在经济发展低迷阶段，经济效益较高。上文中提到的三种风险中，流动风险最为常见并且占据主要地位。产品生产销售的不确定性、借贷双方征信系统的差异性、资金投入期较长而且收益较慢的投资项目等金融活动中产生的风险都可以成为流动风险。以上所说的诸多经济现象促进了金融市场中金融中介的出现，并利用自身职能缓解流动风险。学者希克斯（Hicks）经过相关研究发现，工业革命对于资本主义世界市场的影响并非在于新产品、新技术的研发，部分产品在工业革命之前就已经问世，主导工业革命的因素是 18 世纪英国经济市场的发展和流动资本市场的出现。[②] 受流动资本市场的影响，储蓄者可以在非常短的时间内将自身的储蓄资金变现，进行经营与投资，资本市场利用这部分储蓄资金进行长期投资。工业革命与商业革命是同时进行的，工业革命研发出具有时代性和创新性的产品，而商业革命将现有的物质财富迅速转化为经济积累。学者戴蒙德（Diamond）和迪布维格（Dybvig）建立了半流动性模型，在模型中储蓄者或者投资者需要在高收益但是缺少流动性以及低回报具有流动性这两种投资项目中选取一项进行投资。[③] 研究结果表明，大多数储蓄者选择了具有流动性但是收益较少的项目，以避免投资风险。这一现象催生了保险业务和合约业务的出现。金融机构在创新性业务的支持下能够提供具有流动性并且收益较高的投资项目。金融中介主要向投资者提供具有流动性、收益水平不同的投资项目，在满足不同的客户需求的同时增加自身的经济效益。金融中介有效利用了经济市场中的流动性，将流动性应用于金融业务中，有效降低了流动性风险。学者杰克林（Jacklin）在研究中发现，一

① F. Allen, D. Gale. *Financial Markets, Intermediaries, and Intertemporal Smoothing* [J]. Political Economy, 1997 (105): 523-546.

② Hicks, J. *A Theory of Economic History* [M]. Oxford: Clarendon P, 1969.

③ V. B. Bencivenga, B. D. Smith, R. M. Starr. *Transactions Costs, Technological Choice and Endogenous Growth* [J]. Economic Theory, 1995 (67): 53-177.

且股权市场中的产品具有流动性，那么商业银行中的金融产品将会失去市场。① 因此，金融机构为降低市场流动性风险而实行的调控，应当在股权交易陷入困境时开始。学者本奇文加（Bencivenga）和史密斯（Smith）经过相关研究得出结论，银行在降低流动性风险的举措中，增加了客户对于流动性较低、收益较高的项目的投资。金融安排对于人力资源的投资也具有促进作用，金融安排会提升借款人的经济意识和经济技能。流动性同时关系到企业的生产流程，企业投资长期项目时可能降低了自身资本的流动性。霍姆斯特罗姆（Holmstrom）和蒂罗尔（Tirole）提出，企业生产过程是长期的，面临着冲击和不确定性。一些企业面临外部冲击时需要额外的资本投资来完成项目。在信息不对称的条件下，金融中介可以在初次投资时向企业提供一系列信贷期权，从而保证企业在面临冲击时可以获得额外融资。这虽然提高了资本配置效率，但是并没有得到流动性条款与经济增长关系的模型。阿吉翁（Aghion）等学者研究了宏观冲击下企业生产中获取额外融资的能力对创新和长期增长的影响，通过建立企业投资模型，发现无法向企业提供后续资金的低发展水平的金融体系抑制了金融创新。而且，在低发展水平的金融体系下，宏观经济的波动对经济增长和创新有着负向的影响。通过实证研究也可发现，金融发展水平的提高降低了宏观经济波动对经济增长的影响。

第四，不断吸引储蓄资金流。金融活动中的资金流主要来源于居民的储蓄资金，然而储蓄资金转化成为投资基金是需要一定成本的。金融存款在储蓄的过程中，金融机构与储蓄者之间存在复杂的金融合同，加之储蓄资金转化成为投资成本的过程需要交易成本以及转化消耗，这一部分的资金为投资者增添了无形的压力。为节约投资中的成本消耗，诸多投资者选择金融中介来调控投资者与企业之间的关系。学者巴格特（Bagehot）研究发现，英国经济发展具有较高水平的原因在于，英国的金融体系可以选择具有市场前景和经营效益较好的产业项目进行投资，

---

① Bencivenga, V. R., B. D. Smith. *Financial Intermediation and Endogenous Growth* [J]. Review of Economics Studies, 1991 (58): 195-209.

能够最大限度地保证资金回流顺利，经济收益较高，同时能够促进社会中优势产业的提升与发展，促进社会经济的发展。这一现象的产生与居民的储蓄能力并无太大关系，重点在于金融机构在宏观调控上的准确定位与选择。将现有资金投入到具有良好市场前景的项目上，更能确保经济效益的提升和经济水平的发展。学者阿西莫格鲁（Acemoglu）和齐利波蒂（Zilibotti）的相关研究表明，将资金投入到不可分割的出纳业项目中能够极大地增强经济收益，提升资源配置的经验和效率，促进经济增长。[①]

第五，金融安排的专业化。合理有效的金融安排降低了信贷双方的交易成本损耗，提升了金融业务办理的效率和速度，促进了经济水平的快速提升。著名经济学家亚当·斯密（Adam Smith）提出了专业化分工、创新和经济增长的联系。斯密（Smith）研究了货币在降低交易成本、实现专业化以及促进技术进步等方面的功能。信息的收集整理致使货币出现，货币出现之后造成了信息交易成本下降，金融领域的创新又加剧了这一下降速度。

学者格林伍德（Greenwood）和史密斯（Smith）研究了交换、专业化和创新的关系。专业化现象的产生需要增加交易频率，然而交易需要一定成本，金融安排的产生降低了交易成本，提升了专业化水平。假设建立市场的成本是相对固定的，同时社会群体均具有较高的收入，那么可以判定，建立市场的固定费用平均分至每一个社会群体中，数额较小，即对投资者的影响和压力较小。因此，经济发展与金融市场的发展是互相促进的。[②]

学者朱利亚诺（Giuliano）和鲁伊斯（Ruiz）选择了一百多个发展中国家城市作为研究样本，通过对这些城市的经济发展与金融发展之间关系的研究得出结论，金融发展水平的不断提升有助于缓解企业面临的

① Acemoglu, F. Zilibotti. *Was Prometheus Unbound by Chance? Risk, Diversification and Growth* [J]. Journal of Political Economy, 1997, 105 (4): 709-775.

② Greenwood, B. Smith. *Financial Markets in Development, and the Development of Financial Markets* [J]. Journal of Economic Dynamics and Control, 1997, 21 (1): 145-181.

资金问题，降低投资风险，提升投资收益，促进经济增长。[1]

## 二、金融发展与收入分配

关于金融发展与收入的关系，不同学者研究后得出了不同结论。一些理论研究者认为，金融中介的发展对于穷人有着非对称影响。班纳吉（Banerjee）、纽曼（Newman）、加罗尔（Galor）、蔡拉（Zeira）、阿吉翁（Aghion）和博尔顿（Bolton）研究发现，由于穷人无法为自己的项目提供融资或者抵押品，限制了穷人的投资机会，同时减少了资本向高回报项目流动的渠道，因此，功能水平发展较低的金融体系导致了更严重的收入不平等。通过降低信息和交易成本，允许更多企业获得外部融资，金融发展提高了资本配置，尤其对穷人有着较大影响。[2] 许多理论认为，更好的金融体系使大部分人获得金融服务，通过降低信用约束，金融发展可以促进企业的建立，促进经济增长。另外有些学者认为，富有者在金融发展中受益更大，尤其是在经济发展初期，金融服务的对象主要是富有者。其他研究认为，金融发展与收入分配之间存在着非线性关系。格林伍德（Greenwood）和约万诺维奇（Jovanovic）认为，金融发展与收入分配存在倒 U 形关系。在早期金融发展阶段，仅有富人可以获得金融服务从事高回报项目。随着经济发展，更多人可以参与正规金融体系，从而促进了经济增长。随着经济进一步发展，每一个人都可以参与金融体系，享受全面的金融收益。因此，收入分配与金融发展关系先是逆向的，然后逐渐呈现正向关系。[3] 让纳内（Jeanneney）和科波达（Kpodar）研究了金融发展与扶贫的关系，结果表明，金融系统为

① Giuliano, M. Ruiz-Arranz. *Remittances, Financial Development, and Growth* [J]. Journal of Development Economics，2009，90（1）：144-152.

② Banerjee, A. Newman. *Occupational Choice and the Process of Development* [J]. Journa of Political Economy，1993，101（2）：274-298.

③ Greenwood, Jovanovic. *Financial Development, Growth, and the Distribution of Income* [J]. Journal of Political Economy，1990（98）：1076-1107.

穷人提供了投资平台，从而使其可以获得资本收益，改善了穷人的福利状况。[①]

## 三、银行业结构理论

不同于其他行业，银行业在经济中承担着资金配给的重要功能，因此银行业竞争水平对经济增长有着重要的影响。关于经济增长与银行业结构许多学者做了相关研究。如斯特拉汉（Strahan）和韦斯顿（Weston）研究证明了银行业规模与中小企业贷款之间存在着负相关关系；迈耶（Meier）发现，在银行业集中度较高的地区，中小企业获得贷款成本相对较高[②]；古兹曼（Guzman）等从信贷配给的角度对银行结构进行了分析，发现垄断的银行结构会降低资本投资，较高的银行业集中度不利于经济增长。

德瓦特里庞（Dewatripont）和马斯金（Maskin）从项目选择效率的角度分析，认为集中度低的银行业结构有利于经济增长。[③]切托雷利（Cetorelli）等学者研究表明，较高的银行集中度有利于提高银行融资行业部门的效率，但是却造成了整个经济的效率损失。林毅夫等学者从另一个角度考察了银行业结构对经济的影响，提出"最优金融结构理论"，认为在现代发展中国家里，最优的银行业结构应当以区域性的中小银行为主体，中小银行比重越高，越有利于经济的发展。[④]而彼得森（Petersen）、拉詹（Rajan）和津加莱斯（Zingales）认为，银行的垄断并不一定降低融资的效率，银行体系的垄断对经济增长和发展是有利的。戴蒙得（Diamond）提出，银行代表存款者监督借款人，可能存在银行监管者缺失，但通过分散化可以解决这个问题。监管成本最高为负

---

① Sylviane Guillaumont Jeanneney, Kangni Kpodar. *Financial Development and Poverty Reduction：Can There be a Benefit without a Cost* [J]. Journal of Development Studies，2011，47（1）：143-163.

② Meyer, Laurence H. *The Present and Future of Banks in Small Business Finance* [J]. Journal of Banking and Fiance，1998（22）：1109-1116.

③ Dewatriponi. *Credit Efficiency in Centralized and Decentralized Economies* [J]. Review of Economic Studies，2003（62）：541-555.

④ 林毅夫，孙希芳. 银行业结构与经济增长 [J]. 经济研究，2009（4）：31-45.

债的违约损失；分散化的贷款组合风险更低，回收率更高，从而降低了监管成本。因此，从理论角度看，银行规模越大，越有利于实现负债融资以及优化资产配置。[①]

斯坦（Stein）提出，相对大银行而言，小规模银行能够更加有效地使用软信息。因此，银行规模与贷款之间存在一定的平衡：大银行总体上可能更佳，但是可能导致贷款市场的分割；对于小企业，关系型贷款更加重要，而这正是小银行的优势所在。[②] 德扬（DeYoung）等学者的研究表明：在 21 个发达国家中，大银行市场份额占 65％；在 28 个发展中国家中，大银行市场份额高达 74％。尽管小银行数量众多，但是大部分银行资产被大银行持有，此外，银行规模越大，贷款比例越高。

理论上大银行比小银行更有优势，但事实上政府的监管和补贴在一定程度上支持了小银行的发展，如地域扩张限制、中央银行结算系统支持以及存款保险补贴等。学者怀特（White）研究发现，中小银行在存款保险方面具有优势。与大银行相比，中小银行在向分割金融市场提供信用支持上比较有优势，大银行与小银行的服务对象不同。拉詹（Rajan）等学者研究表明，大银行更加侧重于商业贷款，贷款技术上主要使用"硬信息"，而小银行贷款侧重于不动产贷款，更多地使用"软信息"作为依据。持有客户私有信息的银行会利用自身议价优势，提高贷款价格，银行可以通过限制借款人信贷从而提高利润水平。[③] 翁佳纳（Ongena）、史密斯（Smith）、法里尼亚（Farinha）和桑托斯（Santos）研究了银行与借款人的关系，发现随着贷款关系时间增长，贷款关系结束的可能性增加，意味着伴随着企业的成长和成熟，企业对关系型贷款的依赖水平不断下降。银企关系的存在提高了企业获得信贷的可能性。彼得森（Petersen）和拉詹（Rajan）的研究表明，小企业更倾向于从单一金融机构获

---

① Diamond. *Financial Intermediation and Delegated Monitoring* [J]. Review of Economic Studies. 1984，51（3）：393-414.

② Stein, Jeremy. *Information Production and Capital Allocation：Hierarchical vs. Decentralized Firms* [J]. Journal of Finance, 2002, 57（5）：1891-1921.

③ Rajan. *Insiders and Outsiders：The Choice Between Informed and Arm s-Length Debt* [J]. Journal of Finance, 2012, 47（4）：1367-1400.

得贷款，随着企业成长，该趋势有所下降。① 伯杰（Berger）和乌德尔（Udell）提出，信用反映了关系资本。巴拉特（Bharath）等学者发现，即使是大企业，过去的银企关系也有助于降低贷款成本。哈霍夫（Harhoff）和科尔庭（Korting）分析了德国小企业贷款案例，发现小企业贷款主要集中于放贷者手中，伴随着企业规模变大，集中度下降，信贷可获得性随着银企关系时间长度而提高。斯坦（Stein）分析了银行与信贷员的委托代理问题，发现小银行可以更加有效地激励信贷员利用自有软信息进行投资。② 伯杰（Berger）、乌德尔（under）、皮克（Peek）、罗森格伦（Rosengren）、斯特拉汉（Strahan）和韦斯顿（Weston）对美国银行业进行了研究，发现小银行将更大比例的贷款分配到小企业；伯杰（Berger）等学者研究发现，这种现象不仅出现在美国，其他国家亦是如此。伯杰（Berger）和乌德尔（Under）指出，大银行贷款利率更低，不需要抵押品，大银行客户质量高于小银行，从而验证了大小银行的专业分工，即大银行面向成熟企业，小银行服务中小企业。小银行借款者规模相对较小，具有地域性，较少使用电话和电子邮件，与银行保持着长期银企关系。科尔（Cole）等学者发现小银行更多地使用关系型贷款，小银行更适用于采用软信息进行信贷配给。布里克利（Brickley）等学者发现，相对于大银行，小银行更多地分布在乡村地区，股权更加集中，业务集中于同一地域市场。③

银行放贷依赖于银企关系，从而需要集中于同一地域市场。由于关系型贷款比重较高，使得代理问题更严重，因此股权结构更加集中。伯杰（Berger）等学者以阿根廷为样本，发现小额贷款者倾向于从小银行获取贷款。米安（Mian）发现，小银行在利用软信息上具有优势，在贷款回收上更多地采用私人方式解决，而不是依赖法庭。

① Petersen，Mitchell，Raghuram，Rajan. *The Benefits of Firm-Creditor Relationships：Evidence from Small-Business Data* [J]. Journal of Finance，1994，49：3-37.

② Stein，Jeremy. *Information Production and Capital Allocation：Hierarchical vs. Decentralized Firms* [J]. Journal of Finance，2002，57：1891-1921.

③ JA Brickley，J. S. Linck，CWS Jr. *Boundaries of the Firm：Evidence from the Banking Industry* [J]. Journal of Financial Economics，2003，70（3）：351-383.

学者们的研究还涉及以下几个方面：

第一，银行规模、组织结构和贷款。银行规模决定了其信息获取形式。大银行可以有效分散贷款，从而更多地向大客户贷款；小银行则可以从事特色贷款。斯特拉汉（Strahan）和韦斯顿（Weston）发现随着银行规模的提高，小企业贷款比例不断下降。伯杰（Berger）等学者发现，大银行持股的分支机构的贷款形式和信息使用与小银行相同。利贝蒂（Liberti）研究了内部结构变化对信贷员的影响，发现当需要对投资行为验证时，银行在银企关系上会进行更大投资。

第二，银行规模影响了信贷可获得性。贾亚拉特纳（Jayaratne）、斯特拉汉（Strahan）和丝蒂罗（Stiroh）的研究表明，银行进入条件的放松，提高了大银行市场份额，信贷产品价格下降；监管放松后，银行成本下降以及竞争加剧降低了贷款价格。[1] 迪克（Dick）发现，监管放松后，银行产出质量提高。[2] 德米尔库克（Demiurguc-Kunt）等学者研究发现，金融开放水平较低时，存贷利息差较大。[3] 伯特兰（Betrand）等学者以法国为例，发现银行管制放松提高了企业信贷可获得性。[4] 斯特拉汉（Strahan）研究了美国的样本，结果表明进入壁垒的放宽导致银行业竞争加剧，有利于提高依赖于银行的小企业的利润水平。[5]

第三，技术进步改善了银行业。大银行具有技术优势，如更多地采用电话和邮件，采用了信用评分、证券化以及网上银行等新技术，这些技术增加了信用可获得性。比如，证券化降低了贷款成本，尤其是信用

[1] J. Jayaratne, P. E. Strahan. *Entry Restrictions, Industry Evolution and Dynamic Efficiency: Evidence from Commercial Banking* [J]. Journal of Law and Economics, 1997, 41 (1): 239-274.

[2] Dick, A. strid. *Nationwide Branching and Its Impact on Market Structure, Quality and Bank Performance* [J]. Journal of Business, 2006, 79 (2): 567-592.

[3] L. Laeven, R. Levine. *Regulations, Market Structure, Institutions and the Cost of Financial Intermediation* [J]. Journal of Money Credit and Banking, 2004, 36 (3): 593-622.

[4] M. Bertrand, A. Schoar, D. Thesmar. *Bank Deregulation and Industry Structure: Evidence from the French Banking Reforms in* 1985 [J]. Journal of Finance, 2007, 62 (2): 597-628.

[5] N. Cetorelli, P. E. Strahan. *Finance as a Barrier to Entry: Bank Competition and Industry Structure in U. S. Local Markets* [J]. Journal of Finance, 2006, 61 (1): 437-461.

卡贷款和按揭贷款；信用评分增加了小企业贷款，提高了银行风险定价能力。

第四，存款银行作用。彼得森（Petersen）和拉詹（Rajan）发现，小企业贷款的80%来自商业银行，而且一般来自其存款的银行。[①] 中村（Nakamara）发现，向小企业贷款的小银行善于使用账户信息，通过查阅账户信息，小银行信贷员可以推断出企业运行情况。科尔（Cole）等研究发现，有小企业存款信息的银行批准小企业贷款的可能性较高。对于小企业，持有其账户信息银行的贷款价格和信用可获得性并不低，持有账户信息与获得信贷支持没有关系，彼得森（Petersen）和拉詹（Rajan）发现，借款人在银行有存款与贷款利率之间没有关系。伯杰（Berger）研究发现，账号信息与贸易信用之间没有关系；而梅斯特（Mester）等则发现持有账号信息有利于获得贷款[②]。

第五，银行是流动性提供者。凯特亚普（Kathyap）等实证研究发现，银行同时向存款者和贷款者提供流动性，当存在短期信用需求时，有70%的小企业向银行申请融资，仅1%向财务公司寻求融资。[③] 哈若托（Harjoto）等研究发现，商业银行更加可能向存在流动性风险的企业提供贷款融资。

根据上述相关学者的研究和讨论我们可以看出，目前针对经济增长和金融机构二者的关系，即金融增长与商业银行的经营关系的研究尚未得出具有统一性质的结论。其中一种研究结论表明，一旦商业银行在经营的过程中过于垄断，就会使经济投资项目的资金不足，从而对经济发展造成影响。另一种研究结果则表明，一定程度的垄断有利于市场的发展以及巩固稳定客户，能够提升客户与银行之间的信任程度，降低信贷风险。

---

① M. A. Petersen, R. G. Rajan. *The Benefits of Firm-Creditor Relationships：Evidence from Small-Business Data* [J]. Journal of Finance, 1994 (49)：3-37.

② L. J. Mester, LI Nakamura, M. Renault. *Checking Accounts and Bank Monitoring* [J]. Review of Financial Studies, 2007 (20)：529-556.

③ A. K. Kashyap, R. Rajan, J. C. Stein. *Banks as Liquidity Providers：An Explanation for the Coexistence of Lending and Deposit-Taking* [J]. Journal of Finance, 2002, 57 (1)：33-73.

# 第二节 农村金融发展相关研究

## 一、农村金融市场特点

### (一) 金融市场的分化明显

在农村金融市场的贸易环节中，贸易主导人员可以根据所筹集资金在相对自由的市场环境中进行贸易往来，也可以根据主观条件对于贸易的环节进行分化。在一系列的主观因素以及客观条件的作用之下，在相对稳定的贸易环境之下，不同的市场产品利率、市场监督流程、市场管控制度等因素会对于贸易进程产生不同的影响，即金融市场的分化。

在某些贸易进行的过程中，投资者在前期的集资以及融资阶段所面临的融资投资风险不同。由于贷款中的抵押品限制制度过于严苛，极易导致贷款的金额与实际需求大相径庭。

学者班纳吉（Banerjee）曾有过这样的分析，在相对稳定的经济环境中，不同贷款者所提供的贷款利率具有明显的差异。艾奥姆（Aeem）也曾有过相似的论断：在巴基斯坦的部分地区，不同贷款者所提出的贷款利率相差程度达到了 40%。[1] 蒂姆伯格（Timberg）和艾亚尔（Aiyar）曾经对印度的贷款率水平做出了相对应的调查，贷款利率与贷款本金的差异均在 20%～120% 之间，差异水平十分明显。[2]

达斯古普塔（Dasgupta）在其相关研究中，对于不同贷款人的利率水平进行了比较，其中一部分的贷款人放款的利率高于 6%，与此同时部分贷款人的放款利率则低于 3%。加特（Ghate）关于泰国金融发展的研究成果显示：在同一国家不同区域内的贷款利率有所差异，泰国中部地区的贷款利率在 2%～3% 这一水平线上，而泰国北部地区以及东

---

[1] Aleem, I. *Imperfect Information, Screening, and the Costs of Informal Lending: A Study of a Rural Credit Market in Pakistan* [J]. World Bank Economic Review, 1990, 4 (3): 329-349.

[2] Timberg. *Informal credit Markets in India* [J]. Economic Development and Cultural Change, 1984, 33 (1): 43-59.

北部地区贷款利率则在 5%～7%之间。① 在同一经济环境之中，贷款人的放款利率具有较高的差异，而这一差异是否仅存在于国外金融发展中呢？学者班纳（Banerjee）吉的相关研究表明，以上所述的金融现象不仅存在于发达国家，在大多数发展中国家里也普遍存在。相关专家蒂姆伯格（Timberg）和艾亚尔（Aiyar）的研究表明，乡村地域的贷款利息率差距均在 16%左右。而阿莱姆（Aleem）发现巴基斯坦的利息差超过了 40%。恩古吉（Ngugi）发现，20 世纪 90 年代，肯尼亚利息差在15%～30%之间。在加纳南部乡村地区，存款收取管理费用，不支付利息，而贷款年利率上限为 10%。

实证表明，农村地区的企业，由于金融市场的分割，长期存在较高水平的资本收益率。辛德尔（Schindel）研究发现，加纳小企业边际回报高达 50%，而大企业回报水平则低于 10%。麦肯齐（Mckenzie）和伍德古（Woodrum）发现墨西哥微型企业回报率达到 15%。班纳吉（Banerjee）和迪弗洛（Duflo）发现从大银行借款的中等规模的企业年回报率达到 100%。

农村地区的放贷者和金融机构包括要素供应商、农业贸易商以及银行。贸易商可以视为金融机构候选者，因为贸易商作为产品购买者了解农户以及庄稼技术的信息知识。专业放贷人和贸易商的联合可以降低监督借款人贷款所导致的成本，而且比起银行，贸易商更愿意接受农户的粮食作为抵押品。这类借贷关系的另一特点是中介金融，即贸易中介通过从外部银行或放贷人融资，向产品销售客户提供融资，这种关系促进了票据的形成。贸易商与农户签立出售合同，中介以收获单作为凭证，从银行或外部放贷人那里获得融资。外部放贷人以这些票据为保证，对农户进行放贷，通常仅提供需求贷款的一部分，从而促使中介对借款人进行监督以保证全部投资的回收。

---

① Ghate，P. *In forma Finance*：*Some Findings from Asia* ［J］. Journal of Asian Studies，1992，52（3）：685.

### （二）政府干预

政府干预有助于金融市场交易的形成。比如，政府通过强化合约的执行水平和法律环境可以降低借贷的交易成本。

在美国，政府建立了地区农业贷款银行，向以农户为贷款对象的农村信用组织提供支持。同时，政府也存在过度干预农村金融市场的现象。直接信用项目要求国有银行机构在农村地区设点并提供一定比例的农业贷款。

在发展中国家，国有金融形式在很长一段时期内都是机构贷款的主要形式。尽管存在支持购买农用动物、机械和设备的贷款，但是总体来看长期贷款仍然相对稀缺。金融抑制来源于直接信用、利率上限、过分监管以及政府的过分参与，导致缺乏有效的金融中介。尽管出发点是好的，但是这一系列政策降低了私有银行进入农村的积极性。

国有信贷项目存在许多问题。科尔（Cole）研究了印度的公共银行农业贷款，发现在选举年份农业贷款增速上升，但是这些贷款还款率水平较低，对农业产出并没有影响。瓦宁（Warning）和萨杜来（Sadoulet）以塞内尔为研究对象，得出了相似的结论。[①] 利率上限是政府干预农村金融市场的重要特点。传统分析认为，利率上限限制了供给，提高了需求，因此利率上限人为提高了贷款需求，降低了贷款供给，对存款人不利，从而降低了农村储蓄水平。在大多数情况下，这种政策有利于大农场，但是损害了小农户的利益。对于这种现象有很多解释，其中一种是市场条件下小农户贷款需要收取较高的利率，而法定利率上限导致贷款者会首先排除这类借款者。由于获得贷款的农户可以获得额外租金，因此产生了寻租空间。贝茨（Bates）指出，直接信贷通常流向了较富裕的农户，在低息贷款配置中可能存在着腐败问题。

直接信用项目通常是扭曲的和无效的，是形成金融抑制的一方面。亚当斯（Adams）等学者的研究表明，直接信贷项目可以达到预定的效果。泰国银行要求商业银行向农业部门提供一定比例的贷款，且利率不

---

① Matthew Warning, Elisabeth Sadoulet. *The Performance of Village Intermediaries in Rural Credit Delivery Penalty Regimes: Evidence from Senegal* [J]. Journal of Development Studies, 1998, 35 (1): 115-138.

能高于非农业部门贷款利率水平，同时政府积极推动农村信用社的扩张，这些政策有助于提高农业产出和农民福利。伯吉斯（Burgess）和潘德（Pande）研究了印度农业直接信贷项目，发现直接信贷项目对于金融机构扩张有着积极作用，同时还能降低贫困水平，促进农村地区非农业部门的发展。最初，印度的农村家庭贷款仅有不到 1% 来自商业银行，其他都通过放贷人获得。截至 1971 年，从商业银行获得的贷款占比上涨到 3%。1977—1990 年，印度鼓励银行在不发达地区开设分支结构，结果到 1991 年，农业贷款中商业银行提供的比例达到 29%，放贷人提供的比例下降到了 15.7%。

随着国有商业银行的大幅度改革以及私有机构的不断完善，金融市场中企业与金融机构日渐朝着更为自由主观的形式发展。发展中国家的农村地区的金融交易主要依靠政府的帮扶和引导，签订相关合约，确保经营期间合同中的相关规定能够顺利实行。政府不仅在企业建设中具有重要的作用，在解决纠纷、建立外部监管机构等方面也都发挥着重要的主导作用。部分学者的研究表明，随着经济水平的不断上升，部分金融机构会随之产生，以降低经营中企业和金融机构面临的风险，完善金融市场。[1] 但是现阶段的发展水平却与预期差异较大，部分业务能力低下的机构会在相当长的一段时间内存在于金融市场中，导致金融体系改革进展缓慢。综上所述，政府应当引导建立信贷担保公司以及信贷中介等机构，促进金融市场的发展。

## 二、农村金融发展理论

### （一）农业信贷补贴论

这一理论指出：贫困居民的储蓄能力低下甚至没有储蓄能力。农村资金短缺的问题已经成为社会中的既定事实，农业生产受自然条件影响较多，具有一定的风险和不稳定性，农业生产所需投资时间较长，经济收益较低，以上诸多的产业特点都导致农村在商业银行中的信贷业务办

---

① Demsetz, H. *Toward a Theory of Property Rights* [J]. American Economic Review, 1967, 57 (2): 347-359.

理频频受阻。因此，农村经济提升必须引进外部资金流，利用政府的引导和支持，建立以帮扶为主、盈利为辅的金融机构支持农村经济建设。[①] 这一理论有一定的合理性，但是其中夹杂着部分假设因素，因此如果根据这一理论进行农村建设就必然会面临一定风险。例如农村资金储蓄现象不乐观、农村地区对外来资金的依赖性较大、贷款资金回流较慢等问题。至于贫困居民是否真的不存在储蓄能力和需求，答案当然是否定的。

### （二）农村金融市场论

20世纪80年代，相关学者否定批判了农业信贷补贴论并根据现有的研究成果提出了农村金融市场理论，代表学者是肖（Shaw）和麦金农（Mckinnon）。该理论的内容是，金融制度的落后不利于社会经济的发展，问题重点是如何瓦解金融落后问题带来的不利影响，答案是应当实现金融体制的深化改革，减弱政府对于经济的干预力度，调整储蓄利率，吸引居民的储蓄欲望，有效吸收现有资金，促进农村经济发展。[②] 由此可见，农村资金匮乏与农民的储蓄能力有一定的关系，但并非决定性因素，根本性原因是农村金融体制存在问题。政府对农村经济的过多干涉，导致金融体系建设缓慢。[③] 整合金融体制要将地区和企业置于市场经济的发展进程中，降低政府对经济建设的干预力度，实现市场自我调控，不断完善金融领域的革新和建设。

### （三）不完全竞争市场论

这一理论的主张是，发展中国家的金融市场目前是一个不完全竞争的市场，金融机构的贷款业务在实行过程中很难在协调双方之后建立稳健的、理想的金融市场。这是发展中国家金融发展的弊端所在，为了避免经济市场中出现的类似问题，应当在借款人与金融机构之间建立中介组织，以协调金融关系。该理论要求政府进行稳健的宏观调控政策，在将经济市场准则引进农村市场之前进行一定的调研，选取最佳时期引进

① 张晓山，何安耐.关于农村金融体制改革的几点思考 [J].农业经济问题，2002（9）：41-45.

② 姚耀军.农村金融理论的演变及其在我国的实践 [J].金融理论探索，2005（5）：5-4.

③ 曹协和.农村金融理论研究进展及评述 [J].南方金融，2007（12）：26-27.

经济市场规则，建立健全融资规则，采取更适应农村经济发展的融资方式。

## 三、我国农村金融特点

我国农村地区的贷款利息较低，资金回收问题难以得到有效的解决。随着近年来商业银行的不断改革，其在农村的覆盖率不断扩大，改善了农村贷款结构单一的现状。现阶段，我国金融市场的存贷款利率没有一个明确的规定，城区内的大中型企业存贷款的利率差异较大。

对于我国农村地区的银行竞争力水平，诸多学者进行了相关的研究，得出了具有参考意义的结论。

学者姚耀军研究发现，农村金融市场组织形式较为单一，农村信用社在农村金融机构中具有相当高的地位，由于其他金融机构在农村的覆盖面较低，缺乏同行业的竞争压力，影响了农村金融市场的发展活力。[①]

学者祝晓平对于金融机构在农村的发展规模进行了研究，得出了这一结论：在进行农村金融建设的过程中，应当留有一定的空间为金融创新提供发展环境。[②]

学者张杰和刘东的研究表明，我国农村金融发展具有明显的地区差异、层次差异，金融机构存在多样化，良莠不齐的机构竞相发展。针对这一情况，我国农村地区的经济改革应当不断向丰富多样、多种金融机构共同发展的方向建设。[③]

学者汤自军和张莹建立了 SCP 模型。研究表明，我国农业市场是一个具有高度垄断特点的金融区域。在这一发展环境下，农村金融组织的创新意识和业务实行部分出现了经营惨淡、经营积极性缺失的现象，不利于企业提升自身的核心竞争力，也不利于农村金融的发展。[④]

---

① 姚耀军. 中国农村金融发展水平及其金融结构分析 [J]. 中国软科学，2004（11）：36-41.

② 祝晓平. 论商业性农村金融机构的适度规模 [J]. 金融研究，2003（9）：121-129.

③ 周高雄. 要创立具有中国特色农村金融市场理论应在三个方面取得新突破 [J]. 经济研究参考，2015（66）：23.

④ 汤自军，张莹. 我国农村金融市场的 SCP 分析 [J]. 兰州学刊，2010（2）：102-106.

学者张建波和杨国颂将农村金融结构发展是否科学合理的指标定位于农村信用社占据农村金融市场的比例。研究发现，农村信用社在农村金融市场中占据垄断地位，但未阻碍金融市场的发展。①

学者董晓林和杨小丽对于农村中小型企业在农村经济中的信贷问题进行了研究，研究结果表明，农村金融市场一旦对于大批量的中小企业进行集体贷款，将不利于经济环境的发展。②

## 四、农村金融发展与农民增收相关研究

关于农村金融机构的发展与农民收入水平的关系，不同学者都做了相关研究。国外学者从不同角度研究了金融发展对于农民收入的影响，如熊彼得（Schumpeter）提出，金融制度体系的完善促进了技术进步与创新，有利于经济的发展。③ 还有理论研究认为，金融市场可以通过提高储蓄投资转化水平改善投资效率，从而对经济增长起到促进作用，有利于促进收入水平的提高。④ 实证研究发现，金融体系规模和深化程度的提高与资本、收入水平之间存在着正向关系。⑤

国内学者也对我国金融发展与农民收入的关系进行了一系列的研究，如温涛、冉光和、熊德平分析了 1952—2000 年中国整体金融发展、农村金融发展与农民收入增长的关系，发现中国金融发展对农民收入增长具有显著的负效应；中国农村金融发展没有成为促进农民收入增长的重要因素，反而造成了农村资金的大量转移和流失。⑥ 刘福毅、邹东海

① 张建波，杨国颂. 我国农村金融发展与农村经济增长关系实证研究 ［J］. 山东大学学报，2010（4）：101-106.

② 董晓林，杨小丽. 农村金融市场结构与中小企业信贷可获性——基于江苏县域的经济数据 ［J］. 中国农村经济，2011（5）：82-92.

③ Schumpeter, Joseph. *The Theory of Economic Development* ［M］. Oxford University Press, 1969.

④ Bencivenga, Valerie and Bruce Smith. *Financial Intermediation and Endogenous Growth* ［J］. Re- view of Economic Studies, 1991（2）：195-209.

⑤ King, Robert and Ross Levine. *Finance and Growth：Schumpeter Might Be Right* ［J］. Quarterly JournaL of Economics, 1993（3）：717-738.

⑥ 温涛，冉光和，熊德平. 中国金融发展与农民收入增长 ［J］. 经济研究，2005（9）：30-43.

分析了金融抑制对农民收入的影响，提出金融抑制制约了农民收入水平的提高。[1] 王虎和范从来运用 1980—2004 年的数据研究了金融发展与农民收入之间的相关性关系和影响机制，发现金融发展对农民收入有促进作用。[2] 余新平、熊晶白和熊德平运用 1978—2008 年的相关数据，分析了中国农村金融发展与农民收入增长之间的关系，结果显示农村贷款与农民收入增长呈负向关系。[3]

综上所述，关于我国金融发展与农民收入的关系的研究并没有得出一致的结论：一部分研究认为农村金融的发展有利于农民收入水平的提高，而另一部分研究认为农村金融发展制约了我国农民收入水平的增长。

针对政府对于农村的金融支持与农村地区贫困问题的解决这一课题，诸多学者提出了具有建设意义的论断。学者孙天琦研究了小额信贷对农村地区的扶贫方式之间的关系，对于现阶段小额贷款模式的业务流程以及经营机制做出了详细的阐述。[4] 学者谢平和徐忠以贵州省为例，研究了贵州省政府对于农村的经济支持与农村金融改革的相互作用[5]。学者孙若梅指出，农村地区盛行的小额信贷会在一定程度上促进农村经济的发展，但这一理论并不适合所有的情况，对于贫困程度较为严重的家庭，小额贷款会加剧生产生活中的压力，而收入较多的家庭则会利用小额贷款获取更多的经济效益。[6]

①　刘福毅，邹东海. 从金融抑制到政策导向型金融深化：农民增收的金融支持研究 [J]. 金融研究，2004（12）：128-134.

②　王虎，范从来. 金融发展与农民收入影响机制的研究——来自中国 1980—2004 年的经验证据 [J]. 经济科学，2006（6）：11-21.

③　余新平，熊晶白，熊德平. 中国农村金融发展与农民收入增长 [J]. 中国农村经济，2010（6）：77-86.

④　孙天琦. 制度竞争、制度均衡与制度的本土化创新——商洛小额信贷扶贫模式变迁研究 [J]. 经济研究，2001（6）：78-84.

⑤　谢平，徐忠. 公共财政、金融支农与农村金融改革——基于贵州省及其样本县的调查分析 [J]. 经济研究，2006（4）：106-114.

⑥　孙若梅. 小额信贷与农民收入 [M]. 北京：中国经济出版社，2006.

# 第三节　新型农村金融机构创新理论

大量的实践研究和理论性因素的论证表明，农村金融机构的不断发展和完善能够促进农村地区的经济水平提升。现实情况是，我国的农村地区金融网点的覆盖率不足，信贷业务发展水平不佳，农村经济发展受到资金问题的严重制约。从 2003 年开始我国逐步启动了全新的农业金融体系改革的相关政策，对农村地区的市场准入标准进行了一定的改革，建立农村企业，成立正规的信贷机构，建立农村合作型产业，并且不断革新发展。

农村地区的中小型企业，主要选择的融资方式是间接融资。信贷业务能否顺利进行，一定程度上取决于信贷前期的资质审核、信贷后期的资金回收。信贷业务的开展领域以及成交金额对于衡量银行在这一地区的业务水平有重要的影响。农村地区的金融机构较少，并且存在垄断机构和同质机构，农民可选的金融机构则少之又少，对农村地区的经济发展具有消极影响。因此，在农村经济发展的过程中，建立一个富有竞争力和发展活力的农村金融体系具有重要的作用。

学者洪正对于借款人和出借人之间承担的金融风险做出了模型研究，从相关因素中分析了农村金融机构中的监督机制以及农村融资情况。结果表明，以商业银行为建设主体的基层地区银行与信贷机构经营不善，取而代之的是农村地区的民间贷款机构，对于这种情况应当利用资金互助社进行有关的监管检查和互相联合，以改善和发展农村金融。[①]

## 一、金融创新相关文献综述

根据熊彼特（Schumpeter）在 1912 年对创新的定义，创新是指建立一种新的生产函数，在经济生活中引入新的思想、方法以实现生产要素的重新组合。界定金融创新，有广义和狭义两种含义。广义的金融创

---

① 洪正. 新型农村金融机构改革可行吗？——基于监督效率视角的分析 [J]. 经济研究 2011（2）：44-58.

新包括制度创新和技术创新两个方面，如图法诺（Tufano）将金融创新界定为创造金融工具、金融技术、金融机构和金融市场的活动，并使这些创新成果得以推广。狭义的金融创新主要是指技术创新，即金融产品和金融业务的创新，如罗杰斯（Rogers）等认为金融创新主要包括创造活动和新产品以及服务、观念的扩散两方面，金融创新为各种金融工具的运用、新的金融市场以及提供金融服务方式的发展，或者是在基本金融产品没有发生变化的情况下，通过组合和拆分创造出新的金融产品的过程。[①]

莫顿（Merton）将金融创新的作用分为六大类：（1）跨越时间和空间配置资金；（2）汇集资金；（3）管理风险；（4）搜集信息支持决策；（5）防范道德风险和信息不对称问题；（6）支付系统。

学者芬内蒂（Finnerty）认为金融创新的作用首先是降低金融配置中的相关风险，其次是降低金融往来中的代理成本，最后是提升金融贸易之间的流动性。

金融创新产生的原因有以下几点：

第一，市场不完善促进了金融创新。在一个不完善的市场中，不是所有状态的金融资产都可以存在，因此资金不可以在时空中无风险地自由流动。达菲（Duffie）和拉希（Rahi）介绍了金融市场创新和证券设计，回顾了市场不完善以及创新[②]；布莱克（Black）研究了新合约产生与市场不完善的关系；格林布莱特（Grinblatt）和朗斯塔夫（Longstafft）研究了不同金融创新，结果发现投资者创造金融产品主要是为了完善金融市场[③]；阿勒（Alle）和盖伦（Gale）考察了一系列的市场不完善情形，得出市场不完善需要金融创新进行风险分散的结论。[④]

① Rogers, E. M. *The Diffusion of Innovations* [M]. New York: Free Press, 1983.

② Duffie, D. and R. Rahi. *Financial Market Innovation and Security Design: an Introduction* [J]. Journal of Economic Theory, 1995 (65): 1-42.

③ M. Grinblatt, F. A. Longstaff. *Financial Innovation and the Role of Derivative Securities: an Empirical Analysis of the Treasury STRIPS Program* [J]. Journal of Finance, 2000 (3): 1415-1436.

④ F. Allen, D. Gale. *Optimal Security Design* [J]. Review of Financial Studies, 1988 (3): 229-263.

第二，信息不对称和代理问题引发了金融创新。哈里斯（Harris）、拉伊夫（Raiv）、艾伦（Allen）和盖伦（Gale）提出，外部投资人和内部管理者、内部人和外部人的信息不对称的矛盾的存在，导致企业发行各种各样的证券，从而解决道德风险问题。

第三，搜寻交易成本和市场成本导致创新。莫顿（Merton）认为，金融中介实现了家庭的投资消费的最优，同时股权互换使跨国投资者收益。[①] 麦康奈尔（McConnell）和施瓦兹（Schwartz）指出，金融创新降低了投资者的交易成本。[②] 罗斯（Ross）、马丹（Madan）和索布拉（Soubra）分别探讨了证券化以及产品的多元化，以此降低交易成本，最大化收益水平。[③] 另外，税收和监管政策的变化也导致了创新。图法诺（Tufano）和圣安杰洛（Santangelo）研究发现，税收政策引发了金融创新。凯恩（Kane）认为规制是创新的重要原因，通过创新可降低监管约束。史密斯（Smith）等学者指出，利率、汇率和商品价格波动提高了风险，导致了金融创新。

第四，技术冲击引起的创新。罗斯（Rose）分析了投行通过创新和证券化降低市场或搜寻成本。布特（Boot）和塔科（Thako）发现金融机构越多的地方，金融创新水平越高，激烈的竞争促进了创新的提高。[④] 巴塔查理亚（Bhattacharyya）和南达（Nanda）发现市场份额较大的投行更愿意创新。[⑤] 海诺宁（Heinonen）则进一步基于博弈模型研究了金融创新行为。

通过文献梳理，笔者发现金融创新的实证研究较少。图法诺（Tu-

---

① Merton. *On the Application of the Continuous Time Theory of Finance to Financial Inter mediation and Insurance* [J]. Geneva Papers on Risk and Insurance, 1989（52）：225-262.

② J. J. Mcconnell, E. S. Schwartz. *The Origin of LYONS: a Case Study in Financial Innovation* [J]. Journal of Applied Corporate Finance, 1992（4）：40-47.

③ Ross. *Presidential Addresss: Institutional Markets, Financial Marketing and novation* [J]. Journalof Finance, 1989（3）：541-556.

④ A. W. A. Boot, A. V. Thakor. *Thakor Banking Scope and Financial Innovation* [J]. Review of Financial Studies, 1997（4）：1099-1131.

⑤ Bhattacharyya S., V. Nanda. *Client Discretion, Switching Costs, and Financial Innovation* [J]. Review of Financial Studies, 2000（4）：1101-1127.

fano) 和卡劳（Carrow）研究了投行创新的动机，认为创新者能够获得较大的市场份额。[1] 希尔伯（Silber）研究发现，小银行面临的约束较多，因此更愿意创新。[2] 创新不只包括新产品引入，同时包括新产品的推广。

对金融创新与经济增长的研究主要集中在以下几个方面。

第一，金融创新的绩效或效应。研究主要集中于金融创新对社会福利、经济增长或经济波动、市场风险等方面的影响。

第二，金融创新主体的回报。主要集中于对金融机构进行技术创新回报的研究，如巴塔查理亚（Bhattacharyya）和南达（Nanda）模拟了投资银行创新的激励因素，他们发现占据市场份额较大的投资银行进行金融创新的动力更大一些。[3] 图法诺（Tufano）和卡劳（Kalou）在相关研究的基础上，以投资银行为例，利用金融创新者通过金融创新占据的市场份额和获得的承销价差，证明了即使创新扩散的速度非常快，创新者赢得的市场份额也比跟随者高。[4] 米拉尔（Milar）在综合考虑多种因素的情况下，分析了全球 75 家金融创新者，结果表明金融创新者比后来者承受了更大的风险，也得到了更高的回报，只是由于样本量小，无法说明回报对于风险是否是恰当的。

第三，金融创新对社会福利的影响。多数研究认为金融创新会增加社会福利，如莫顿（Mertan）、亨德肖特（Hendershot）、希林（Shilling）、希尔曼斯（Sirmans）、本杰明（Benjamin）、德万（Dewan）等的研究表明金融创新使社会净福利增加[5]；部分其他学者的研究则表明

① Tufano，P. *Financial Innovation and First Mover Advantages* [J]. Journal of Financial Econom ics，1989（2）：213-240.

② Silber，W. *The Process of Financial Innovation* [J]. American Economic Review，1983（2）：89-95.

③ S. Bhattacharyya，V. Nanda. *Client Discretion，Switching Costs，and Financial Innovation* [J]. Review of Financial Studies，2000（4）：1101-1127.

④ Tufano，P. *Financial Innovation and First Mover Advantages* [J]. Journal of Financial Economics，1989（2）：213-240.

⑤ Merton，R. C. *Financial Innovation and Economic Performance* [J]. Journal of Applied Corporate Finance，1992（4）：12-22.

金融创新会降低社会福利。①

第四，金融创新对经济增长的影响。部分观点认为金融创新会加大金融市场和整体经济的波动，有的研究成果则持相反的观点。

第五，金融创新与金融风险。国际清算银行认为金融创新可以有效地转移包括价格风险、信用风险在内的金融风险；莫顿（Merton）认为金融创新可以分散金融风险；图法诺（Tufano）指出金融创新具有重新配置风险的功能。部分观点则认为，金融创新可能带来系统性风险。如明斯基（Minsky）的研究认为在衰退和危机期间，金融创新会带来更大的波动性和脆弱性，可能造成经济的系统性风险。

国内学者对金融创新也进行了多方位的研究。何德旭、王卉彤从金融创新者的回报、金融创新对社会福利的影响、金融创新和经济波动及金融风险的关系等角度对金融创新效应理论做了评述。② 雍灏、陈劲、郑才林分析了开发过程、营销因素、市场环境、组织管理和风险管理等关键风险因素影响金融产品创新绩效的风险作用路径和效果。③ 张萍等学者则分析了我国吸纳金融创新的时滞效应及其制度因素。周建松、姚星垣对区域金融理论、金融创新理论进行了总结，并分析了浙江省在区域金融创新方面所做的探索和实践。④ 李树生、何广文对我国农村金融创新包括管理体制和体系创新、组织机构创新、业务和交易方式创新、产权形式创新等进行了研究。⑤

## 二、新型农村金融机构相关研究综述

现阶段，我国建立的新型金融机构吸引了大量的关注目光。对于农

---

① M. Jameson, S. Dewan, C. F. Sirmans. *Measuring Welfare Effects of Unbundling Financial Innovations: the Case of Collateralized Mortgage Obligations* [J]. Journal of Urban Economics，1992 (1)：1-13.

② 何德旭，王卉彤. 金融创新效应的理论评述 [J]. 财经问题研究，2008 (12)：3-8.

③ 雍灏，陈劲，郑才林. 金融产品创新绩效之风险作用路径的结构方程模型分析研究与发展管理，2008 (4)：16-22.

④ 张萍. 我国吸纳金融创新的时滞效应及其制度因素分析 [J]. 财经论丛，2007 (9)：48-54.

⑤ 周建松，姚星垣. 区域金融创新的理论与实践：浙江经验 [J]. 浙江金融，2010 (8)：14-16.

村金融制度的改革课题，大多数学者根据对农村资金互助社、小额贷款公司、村镇银行的创新型产业发展和改革研究得出相关结论。

关于农村资金互助社的研究主要有以下几个方面。

第一，关于农村资金互助社的优势。农村资金互助社相对于其他正规金融机构的优势主要是解决了借贷双方的信息不对称问题。①

第二，关于当前农村资金互助社发展中存在的问题。多数研究者认为主要是规模相对较小，互助社内部管理水平较低，法律政策不完备，尤其是缺乏合作金融立法。

第三，关于农村资金互助社与政府的关系。齐良书、李子奈对互助社资金来源不足等问题与政府政策因素进行了分析，探讨了利率限制、政府低息贷款支持、专项基金入股等政策支持与互助社发展的关系。②邵传林认为政府过度监管增加了互助社的运营成本，并造成社会福利损失。而温铁军、刘海英、姜柏林认为互助社成立后成本较非正规金融组织增加，强调地方政府对互助社进行资源支持的正向作用，以弥补增加的成本。③此外，肯定农村金融创新过程中政府作用的还有张宇润，该学者认为农村金融创新主要依靠政府引导和市场冲动双管齐下，而不能主要依靠市场内在的冲动和量。④

第四，关于农村资金互助社的绩效。多数研究均认可互助社增加了农村资金供给，在满足农户资金需求方面较其他正规金融组织具有较高效率⑤，但农村资金互助社获得合法地位后，制度效率就有所下降。⑥

---

① 康蓉英.关于中国农村资金互助社运作的研究［J］.理论导刊，2008年（12）：67-69.

② 齐良书，李子奈.农村资金互助社相关政策研究基于社员利益最大化模型的分析［J］.农村经济，2009（10）：55-60.

③ 温铁军，刘海英，姜柏林.财政与行政资源对农村资金互助社发展的影响［J］.税务研究，2010（7）88-90.

④ 张宇润.政府在中国农村金融创新中的地位和作用［J］.安徽大学学报，2008（11）：106-111.

⑤ 郭晓鸣.农村金融创新：村级资金互助社的探索与发展——基于四川省的实证分析［J］.农村经济，2009（4）；3-6；

⑥ 邵传林.金融"新政"背景下农村资金互助社的现实困境——基于2个村的个案研究［J］.上海经济研究，2010（6）：27-35.

对于农村小额贷款的研究方向主要有以下三点。第一，将小额贷款机构与其他金融机构进行对比，对比的因素有经营模式、业务受众、区域差异、种类差异等。第二，研究小额贷款公司与政府之间的关系。学者杜晓山、聂强对小额贷款公司与正规金融公司之间抢占农村市场的情况做出分析，针对新阶段我国农村地区正规与非正规的金融机构之间出现的监管问题提出建议。[①] 第三，小额贷款公司在解决农村地区的资金短缺问题上发挥了自身的作用，在一定程度上缓解了农村地区的资金短缺，解决了农民生产生活中的资金短缺问题以及农村企业的经营资金不足问题，非正规的贷款机构对正规金融机构造成了一定程度的冲击，增强了农村金融环境的竞争力，对于农村金融市场的发展具有积极意义，改善了农村金融机构的业务缺失情况。第四，对于小额贷款机构的发展预期值得深思，对于小额贷款机构的风险监管和管控都具有研究意义。

村镇银行是指经中国银行监督管理委员会批准，由境内自然人、境内非金融机构、境内银行业金融机构、境内非银行金融机构、境外银行共同发起，在县（区）域及以下地区设立的主要为"三农"和小微企业提供金融服务的银行业金融机构。为解决我国农村地区银行业金融机构网点覆盖率低、金融供给不足、竞争不充分问题，在前期充分研究论证的基础上，2006年12月，银监会调整放宽了农村地区银行业金融机构的准入政策，开始试点探索设立以村镇银行为主体的新型农村金融机构，在解决广大农村地区"贷款难、贷款贵、贷款不方便"问题上迈出了实质性步伐。2007年3月，全国第一家村镇银行——四川仪陇惠民村镇银行在革命前辈朱德同志老家四川省仪陇县挂牌成立，至今已走过11年历程。关于村镇银行的研究主要有以下几个方面：

第一，关于村镇银行的绩效，基于个案的调查显示各家村镇银行盈利情况不一。有的经营成本较高，盈利难度大，存贷款业务量小，对农村金融格局影响甚微，支农作用有限。[②] 有的村镇银行市场定位明确，

---

① 杜晓山，聂强. 小额贷款公司与监管的博弈分析 [J]. 现代经济探讨，2010（9）：44-48.

② 中国人民银行随州市中心支行课题组. 村镇银行经营困境与可持续发展——来自我国第一家外资村镇银行的调查 [J]. 武汉金融，2009（9）：48-49.

为"三农"服务，创新服务手段，盈利呈现快速上升趋势。吴少新、李建华、许传华基于超效率 DEA 模型对村镇银行经营效率进行的研究表明，我国村镇银行的整体效率参差不齐，比较而言，资本实力较弱、存款规模低、主营业务盈利能力差的村镇银行经营效率最低。[①]

第二，关于影响村镇银行绩效的因素。王曙光探讨了村镇银行运行绩效与机制创新间的关系，并从产权和治理结构约束、隐性担保与村镇银行信贷行为等方面探讨了村镇银行最优制度设计与支农绩效增强机制。[②] 吴玉宇则对村镇银行社会网络对经营绩效的影响进行了实证研究。[③]

第三，相关政策的分析方面。赵冬青、王树贤认为村镇银行的发起人发起设立村镇银行的目的与政府鼓励设立村镇银行的初衷有所偏离，村镇银行主要设立在经济较为发达的县（区），有定位于农村大客户的倾向。[④] 王修华、贺小金、何婧则探讨了村镇银行进一步发展所面临的一系列制度约束问题。

此外，沈杰、马九杰调查发现，村镇银行、小额贷款公司、资金互助社等新型金融机构通过减少贷款手续、创新贷款产品等方式积极服务农村金融市场，这样虽然能够增加农村金融市场的金融供给，但是也存在服务对象"高端化"、资金规模约束、风险监管困难等问题。[⑤]

① 吴少新，李建华，许传华. 基于 DEA 超效率模型的村镇银行经营效率研究 [J]. 财贸经济，2009（12）：45-46.

② 王曙光. 民族地区金融反贫困中的资本整合、文化融合与体制磨合：新疆案例 [J]. 农村经济，2009（11）：3-8.

③ 吴玉宇. 村镇银行社会网络对经营绩效影响实证研究 [J]. 金融与经济，2010（8）：32-35.

④ 赵冬青，王树贤. 我国村镇银行发展现状的实证研究 [J]. 农村经济，2010（7）：77-81.

⑤ 沈杰，马九杰. 农村金融新政对增加农村金融信贷供给的作用——基于对新型农村金融机构的调查分析 [J]. 现代经济探讨，2010（7）：42-46.

# 第三章　新农村建设综述

　　2005 年 12 月 31 日，《中共中央国务院关于推进社会主义新农村建设的若干意见》中提出了"新农村建设"这一理论思想。"新农村建设"的思想主张一经提出便引起了社会各界的广泛关注，这一理论吸收了前人一定的经验教训，摒弃了其中的"旧农村"思想，并且结合了现阶段我国的具体国情。以"生产发展、生活富裕、乡风文明、村容整洁、管理民主"为主要内容和根本目标的"新农村建设"，不同于以往提出的农村建设方针，具有更强的建设意义及时效性，对于改革开放后的中国农村建设具有指导性的重要作用。

　　《中共中央国务院关于推进社会主义新农村建设的若干意见》中明文规定，将新农村建设作为现阶段我国发展中国特色社会主义，实现现代化建设的战略性任务。由此可见，我国对于农村的建设发展问题一直高度关注。笔者在查阅和研究相关文件的基础上认识到，农村经济的建设以及发展，是针对"三农"问题提出的研究课题。"三农"问题是解决整个农村发展问题的基础，"新农村建设"则是问题整体的衍生部分。

## 第一节　新农村建设的发展方向

　　新农村建设的方向究竟是什么，这是首先要回答的问题。关于新农村建设的发展方向，主要有以下四种代表性看法。

## 一、"拉动内需"说

"拉动内需"这一说法是以学者林毅夫为代表提出的。对于这一观点的分析应该从短期作用和长期作用两个角度来看。首先，从短期作用角度来看，以国家为主导的农村基础设施建设工程，尤其是某些劳动密集型的建设项目，可以快速地增加农村居民的就业率。一方面增加了农村居民的经济收入，缓解了农村居民的生活压力；另一方面提升了农村的基础设施建设，完善了农村的发展进程。其次，从长期作用角度来看，一定时期内解决农民的就业问题并不能从根本上解决农村劳动人口过剩问题，如何在引导农村居民向城市转移的同时控制农村人口流失，并且以农村务工人口促进农村的发展，才是问题的关键所在。

## 二、"户籍制度改革"说

"户籍制度改革"这一说法以学者陆学艺的相关研究成果为代表。这一观点认为农村经济建设以及整体发展不良的原因在于中国城乡的二元化体制，这一发展机制对于城市与乡村的合理化进程产生了一定的阻碍作用。这一建设机制直接导致了农村的滞留人口过多，农村的城市化进程放缓，不利于农村的城市化发展。根据陆学艺的理论，要想加快农村的改革进程，需要改革或者是废除老旧的二元化机制，户籍制度的有效整改能够加快农村地区的建设进程。

## 三、"新乡村建设"说

"新乡村建设"这一说法以徐勇、贺雪峰和温铁军等学者的相关研究作为理论依据。他们根据我国人口基数大、新增人口多的现实特点，认为农村人口的流动方向以进城务工为主，而且流动人口的年龄分化十分明显，但是这一情况不足以加速农村地区的城市化发展。想要对我国的农村地区进行实际有效的治理，应当将重点放在农村本土的改革上来。这一理论区别于梁漱溟、晏阳初提出的乡村建设运动的理念，因此冠以"新"的称谓，即"新乡村建设"。

在"新乡村建设"这一理论中，衍生出了不同的派别和研究角度。

学者徐勇作为政治学研究者，更加注重农村建设中的农村居民自治制度能否有效进行。在贯彻落实农村居民自治制度的过程中应当深化农村体制改革，不断加深农村居民管理中的民主化意识。学者温铁军则更加倾向于研究农民与新农村建设相结合的建设模式。将农村与农民连接成一个相互帮助共同协作的有机整体，在政治建设、经济建设、文化建设等多个方面进行提升和改良。我们要认识到，构成农民生产合作社的群体是由社会中较为弱小的农民群体组成的，因此由国家统筹规划的新农村建设上应当建立一种更加公平合理的经营模式。应当贯彻落实农村自治政策，倡导农民之间的互相帮助、风险共担、利益共享的建设模式。将现有的农村发展经营矛盾化解为共同经营、共同帮助的良好氛围。

学者贺雪峰根据研究成果创立了"转型期乡村社会性质"这一研究课题。在这个课题中更加重视乡村社会中的人文建设以及村民的人文情怀引导。他倡导提升农民对未来生活水平的憧憬以及预期，提升村庄的精神文明建设以及思想道德约束。

## 四、政策部门的研究

政策部门的研究比前文中提到的三种农村建设方向的理论性研究具有更明显的政治色彩。国务院发展研究中心研究员陈锡文在相关研究中提出了这样的理论：新农村建设由四个部分组成，第一，经济建设是新农村建设的中心环节；第二，社会管理体制是新农村建设的保障部分；第三，解决民生问题是新农村建设的重要组成部分；第四，生态环境和人文环境的建设是新农村建设的必要政策。由此可见，政策部门的研究这一乡村建设的探究角度更具有宏观性和前瞻性。

以上针对新农村建设的不同观点，虽然探究的重点有所不同，但是根据其研究内容划分，大致可以分为两类。其一，重点是以农民为主体的农村建设，注重农民生活水平的提升和精神文明的建设；其二，重点是以国家调控为主的农村建设，注重国家的宏观调控和政策提出。二者均具有一定的积极意义和领导价值。

# 第二节 新农村建设的社会基础

2000 年以来，"三农"问题越来越受到高度关注，国家也出台了一系列支农、惠农政策减轻农民负担，试图重新激发农村建设的活力。

## 一、取消农业税

2006 年，我国出台了相应的政策，即全面取消农业税。自此，我国农业的发展开始进入了"后税费时代"。无可厚非的是，全面取消农业税收在一定程度上减轻了农民的生产生活压力，对于"三农"建设具有积极的促进作用。但是这一政策是否是百利而无一害的呢？有学者指出，新农村建设不得不直面"后税费时代"由国家公共权力退出农村引起的乡村秩序失范和组织、治理的困境。此外，急剧变迁的中国社会，也使新农村建设处于一个动态发展的过程。农村人口流动、农村传统文化和道德规范的衰落、乡村组织的弱化和农民的日益原子化等问题构成了新农村建设的现实基础。

对于全面取消农业税这一做法，贺雪峰曾经有过如下论断：全面取消农业税并不能及时有效地整治农村地区的发展形势，农业税的取消导致农村基层部门的运作效能大大降低，农村地区的公共基础设施建设、公共物品的供给情况不容乐观。由此可见，农村的发展环境并不是一马平川，而是道阻且长。在《农业税和农村土地制度的功能》一文中，作者李昌平对于农业税的积极作用做出了详尽的分析。在全面取消农业税之后，能够有效地缓解农村生产生活中的部分矛盾，调节农村之间纷繁复杂的利益关系，村委会等基层政府与村民的相互沟通能够更为顺利，树立农村基层政府的威信等。但是这一政策亦有不尽如人意的地方，在某种程度上说，全面取消农业税与欧洲国家的福利制度有一定的相似性。对国家的财政税收造成了一定的压力，同时过于宽松的农业农村环境也会衍生出一系列的农村社会问题。对于全面取消农业税这一政策的提出，必定要进行某些方面的弥补措施，从而保证农村传统管理、服务机制以及管理流程的运行。学者温铁军在对这一事件的认识和论述中曾经提出过相似的观点，认为对农村的基础性组织管理部门的建设应当提到农村管理的议事日程上来，在短时间内阻止农村的非法宗教组织、黑社会团体的建立和发展壮大。北京大学国际关系学院潘维博士曾做出以下论断：在进行农村建设之前必须满足一个先导性的条件，即农村应当具备一个稳健的、完备的政府组织，用以引导乡村的振兴和建设。

这些观点显然与转变职能派、合乡并镇派的主张截然不同。当然，这并不是要建立一个强势的基层政权，而是说后税费时代的基层组织不能全面退出农村社会，而是要在推动村民自治、发展农村合作组织、培育新农民等方面有所作为。中国的新农村建设在目前来说，仍然处于国家主导的范围内。一个软弱的乡村基层组织只能导致乡村社会的灰化和边缘化，久而久之便会摧毁农村社会的信仰和文化认同感。

## 二、人口流动频繁

纵观我国现阶段农村地区的发展态势，农村人口流动性大，农村青壮年常住人口大幅减少是农村人口问题的特点。那么新农村建设必然要基于这一人口特点进行系统的统筹规划。

有关数据显示，我国自 20 世纪 90 年代中期以来共有 1.2 亿农村人口在城乡之间流动。如何实现人口流入村与人口流出村以及人口双向流动村的良性治理，是一个具有挑战性的课题，流动人口的治理本身就存在一定的难度。在《流动中的乡村治理——对农民流动的政治社会学分析》中，作者徐勇、徐境阳曾这样分析：在愈演愈烈的农村人口流动形式中我们应当看到人口流动本身的特质。作为人口流动主体的农村青壮年群体，对于城市化中的经济意识、商品意识等较为先进的城市化认知并未形成，就亦步亦趋地投身于城市化发展的浪潮中，对于城市化的进程以及农村经济的发展都具有非常大的影响力。对于农村青壮年人口的流失情况应当从经济、政治、文化多重角度进行分析。在政治方面，农村人口的流失，抑或是流动性增强，一定程度上可以说是链接乡村与城市之间的媒介。但是我们应当以多个角度看待农村人口流动的问题，其一，若是农村人口流动的过程中未带动农村的经济发展进程，即仅流动不发展，那么乡村发展的进程则无从谈起；其二，若农村人口的流动过程中给农村治安带来了消极影响，即仅流动难治理，那么缺少稳定基础的经济就不能平稳发展。要想解决这些问题应当从农村人口流动的基础性工作做起，完善农村人口流动的流程，改善农村土地问题的整治。将人口流动问题的整合与土地流转问题的解决相结合，优化农村土地流转现状，利用农村人口流动趋势，进行农村的经济建设。

由上文可知，徐勇、徐境阳对乡村治理困境认识是深刻的，也是独到的。但似乎由于政治学自上而下看的思维性，他们并未从农村和农民的本位来构建乡村治理良性基础。他们自己也曾论证过：在农村管理的过程中，正式制度与非正式制度都具有举足轻重的作用。非正式制度在农民的生产生活中已经成为一种习惯性遵守的不成文的规定，而正式制度就应当在保证非正式制度合理合法并且有助于农村建设的基础上，最大限度地发挥二者的作用。而城乡二元体制和土地制度的改革，能否从根本上解决城乡失调，推进城市化进程，还是值得深入论证的。

# 第三节　新农村建设视野中的乡村建设运动

## 一、以贺雪峰和温铁军为代表的乡村建设试验

在我国新农村建设的实践中，以贺雪峰和温铁军等人为代表主持的新乡村建设试验，与 20 世纪二三十年代梁漱溟和晏阳初等人推动的乡村建设运动一脉相承，在某种程度上，今日的新乡村建设试验，就是当年的乡村建设试验，只不过二者的宏观背景不可同日而语。而对于梁漱溟和晏阳初等人主持的乡村建设运动的研究，也对新农村建设及其研究具有重要价值。学界认为，乡村建设运动中，具有先导性的一步是教育，提升教育的质量在乡村建设中具有基础性作用；具有中心意义的部分是复兴乡村社会，在我国城市建设不断加速的同时，带动乡村的不断完善和发展，推进城乡发展的优化。以高素质的乡村人才引领乡村的建设和发展，它不同于以前国民党推行的改良政策。

自 20 世纪 90 年代末以来，学界就新农村建设展开了多角度、多学科的深入探讨和研究，涉及其性质、历史地位、具体实践及对社会变迁

的影响等。如李国忠通过对中国农村社会变迁的比较研究，认为乡村建设运动和苏维埃运动二者均属于具有积极意义的社会运动，二者的目的均是为了社会的进步与发展进行努力与变革。从变化的过程以及最后的社会影响可以看出，积极的社会变革对于推进农村生产、改良农村生活、提升农民的精神面貌等方面都具有促进作用。

## 二、以张利群为代表的研究

张利群通过对梁漱溟哲学思想、乡村建设理论产生的背景和依据，乡村建设的理论与实践特色以及乡村建设的现实意义的研究，提出了加快农村发展的关键在于农民，"三农"问题必须通过综合改革和建设的途径来解决，同时要加快农村民主化和社会民主化的进程。张利群还认为，"以乡村建设理论和实践作为一个试验个案，作为一种建设思路和模式，仍能给我们以启迪和进一步思考"。

在《最后的儒家——梁漱溟与中国现代化的两难》中，美国学者艾恺（Guy Salvatore Alitto）曾经有过如下的论断：我们看见一件事情，一定不要根据现阶段短浅的眼光和水平去进行揣摩和估量。正如他（梁漱溟）曾经提出的论断，这是一个对于中国未来发展具有前瞻性的意见，即便是当时没有被世人的眼光和见解所接受，但是经过了百年考验，事实证明他当时的建议是十分正确的。

## 三、其他学者的中国本土化参与式发展理论

此外，还有学者通过对乡村建设理论的概括和再审视，提出乡村建设理论本质上是中国本土化的参与式发展理论。崔效辉认为梁漱溟与晏阳初在百年之前提出的对于农村建设的理论和实践均具有非常高的价值，对于现阶段的中国农村建设也是一笔宝贵的精神财富。中国是一个幅员辽阔、地大物博的国家，由于自然环境和人文环境因素的不同，在众多的区域内存在着一定程度的差异，因此在进行农村的改革和建设的过程中实行因地制宜的方式是非常有必要的。在建设的过程中，因地制宜地利用当地的资源与民众，能够最大限度地提升人们建设乡村的积极性，实现资源、环境、人文的有效结合，促进经济建设的可持续发展。

# 第四章 农村金融与支持体系研究

从金融体系的机构组成来看，我国现行的农村金融机构体系比较完备，在长期以来的农村经济发展过程中，根据相关学者的研究以及整合，现阶段的农村金融服务体系已经能够较好地满足农民在经济中的需要。如图 4-1 所示，农村金融支持系统由金融中介和金融市场两个部分组成。其中金融中介在农村金融体系中占据主要部分，而金融市场在农村金融建设中的主要作用集中于民间借贷需求，其余的职能在农民金融生活中占据的比重较少，对"新农村建设"的支持远远不够。金融中介又以合作金融机构（农村信用合作社）为基础，政策性金融机构（中国农业发展银行）和商业性金融机构（主要是中国业银行）分工合作。扶持"三农"、"新农村建设"的金融中介还有其他多种类型，尤其是随着金融服务的发展和金融创新的不断增加，越来越多的金融中介将参与到波澜壮阔的中国农村问题探索实践中来。

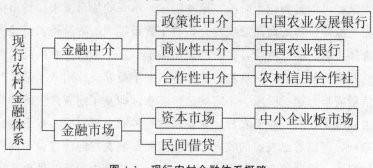

图 4-1　现行农村金融体系概略

# 第一节 金融需求

"金融需求"指的是在生产生活和金融建设中对于市场上某些商品的购买欲望以及自身购买能力引导下的购买欲望。随着我国改革开放政策的不断深化和经济建设的不断完善，人民日益增长的消费需求已经成为现阶段人们生产生活中的一个主要组成部分。但是在我国农村地区，经济发展还处于初期阶段，与大城市中的经济情况存在一定的差异，农村居民的生产力、经济收入水平、消费观念等都存在着一定的局限性，甚至没有所谓的金融需求（当然也不排除在东部沿海城市的富裕乡村中，居民对金融产品可能存在较多认识和需求），农村地区对金融体系的需求更多体现在资金方面，即希望获得支持自身生活和发展所需的足够资金。

众所周知，"三农"问题指的是农业、农村、农民问题。本文研究的是农村地区的经济建设，与"三农"问题中相对应的因素是生活需求、生产需求以及发展需求。其中生活需求包括三个方面：农民的日常生活消费，即满足农民日常生活所需的消费项目；农民的临时性消费，即具有一定灵活性的消费项目；农民的大项消费，即医疗问题、婚丧嫁娶、教育投资等消费。生产需求的重点是农民在生产中的消费，如土地消费、农产品销售加工等消费。发展需求的重点则是对于农村的基础设施建设，如教育、道路、通信以及娱乐设施的建立和完善。

农民作为农村生产和发展的主体，对于金融的需求的重点是对于资金的需求，可以分为三个阶段。第一阶段，单一的货币需求。货币指的是作为一般等价物的商品交换媒介，对于货币需求的数量受农民经济收入的直接影响。第二阶段，多重的信用需求。这一需求受农民的消费水平和储蓄水平的影响，一旦农民的储蓄水平不足以支撑消费水平，便会产生信贷需求。第三阶段，丰富的金融需求。即基于前者产生的信贷需求。由此可见，农民对于农村金融发展的种种需求皆以收入水平的高低作为基础，可以看出农民的收入水平会直接影响农村经济建设中的资金需求情况，而农民的收入水平变化在农村经济建设中的重要性也是显而易见的。

　　农民是以"三农"问题为代表的一系列的农业问题解决的主体和根源，对于农民资金需求的研究主要集中体现在两个方面，即资金融入方面与资金融出方面。资金问题是农村发展面临的主要问题，可以说资金短缺是大部分农村居民的生活问题之一。在农村经济发展的过程中，经济建设的主导是农村的小中型企业，经营者主要是农民团体，管理水平的滞后、经营机制的缺失，导致了农村中小企业的经营风险加大，同时借贷风险也随之扩张。

　　我国农村地区的中小企业具有自身的独特性。农村地区的企业往往生产规模较小，科学技术水平较低，管理流程和经营机制都不够规范。在信贷申请的过程中，难以满足银行对于信贷对象的审核要求，复杂的申请流程、烦琐的办理手续都会严重影响农村中小企业的申请问题。面临这种情况的中小企业便会将信贷目光转向手续便利的民间信贷机构。虽然，一部分信贷的转移会为民间信贷市场带来一定的活力，一定程度上能够促进民间信贷经济的发展。但是民间信贷机构所承担的风险要远远高于银行信贷风险，不利于农村经济的平稳快速运行。

　　党的十七届三中全会通过的《中共中央关于推进农村改革发展若干重大问题的决定》曾经明确指出，我国应当加大对于农村发展的扶持力度，加强对于农村经济建设的帮扶和引导。自 2008 年美国经济危机以及欧洲经济危机以来，我国的进出口贸易受到了严重的影响，出现了大批城市务工人口返乡热潮，导致部分地区农产品价格波动较大，影响了一定区域内的农产品市场。

　　现阶段，随着我国的改革开放等一系列经济发展战略的不断深化，农村居民的生活水平亦有所提升，农村资金需求也呈现出相应的特点，主要有以下几个方面：

　　第一，农民的信贷意识有所提升。近年来，随着科学技术水平的不断提升，农民在生产生活上对于科技的依赖也日益加深，电子农具的使用提升了农业生产的效率，降低了农民的劳动消耗，增加了农民的生活收入。同时国家倡导的一系列"下乡活动"，将电子产品逐渐带入农民的生活中。科技对于农民生活的影响正在逐渐加深，因此农民对于资金的需求也逐渐加大。金融机构应当把握现阶段的农村消费热潮，改良农村信贷流程，以适应农民的消费需求。这样做既可以在一定程度上促进农村的经济发展，又可以增加自身的金融业务办理金额，对于银行自身以及农村经济的发展都具有促进作用。

第二，农村土地生产经营的资金需求增加。在我国推行土地流转制度之后，农村出现了一大批拥有大面积土地的生产者。由于自身拥有土地数量的增加，农民对于土地的耕种、农产品的再加工等一系列的衍生产业的投资也会大幅度的增加，这就导致农业生产的成本也随之增加，而短时间内生产的回报又难以满足农民的生产投入，那么农业资金需求量也会进一步地扩大。因此农村金融机构应当引导农村的生产经营建立新的模式，提升劳动效率与经营收益，促进农业生产朝着科技化、制度化、集群化的方向发展。

第三，农民对于生产合作社的信贷需求增加。农业生产专业合作社不同于以往的农业合作部门，是将科技、劳动力、土地相结合，建立农民互帮互助的生产集约化体系。专业合作社需求的增加，反映了农村生产生活的不断完善与经济建设的不断深化，是我国农村经济建设的崭新发展方向。

第四，农民的发展消费促进了创业信贷额度的增加。近年来我国鼓励农民自主创业，并加大了对于农民自主创业的扶持力度。在土地流转、林地制度改革等一系列惠农制度的提出之后，农民自主创业得到了前所未有的灵活、宽松、自由的环境。因此农民对于创业的资金需求大大增加。

第五，农村基础设施的建立和完善增加了农村的资金需求。我国出台的建立"最美乡镇"等城乡建设政策促进了农村对于自身基础设施的建设以及自然环境的保护。在这一过程中，政府以及有关部门应当大力支持我国农村的经济建设。

结合以上研究结果可知，我国的农村金融需求与农村金融活动具有相辅相成的关联性。在特定的金融环境下，我国的农村金融需求也具有相应的特征：

第一，农村金融需求具有明显的季节性。在农业生产相对繁忙的季节，农村金融需求随着农业生产的需求量逐渐加大。但是根据近年来的调查结果显示，随着科学技术与农业生产的紧密结合，农村金融需求的季节性因素不断弱化，影响也随之减小。与此同时，农村地区对于少年儿童的教育、医疗卫生等方向的支出逐渐扩大，也在一定程度上减弱了金融需求的季节性特征。

第二，农村金融需求问题中的信贷需求主要集中在小额贷款上，但存在向高额度、高风险演变的趋势。随着农业经济的不断完善和发展，农产品商品化市场的需求不断扩大，农业生产中对于科学技术的要求不断提高，因此农民对于信贷金额的需求也不断加大。但是农业生产成果的优劣很大一部分还是要依靠自然环境，而自然因素又是一项不可控因素，因此农业金融需求中的信贷业务中存在着较大的投资经营风险。

第三，农村金融需求用途的复杂化。在农村信贷用途上，只有少部分借贷资金用于农民生活的日常消费，一大部分借贷资金都用于临时消费中。随着农民生活水平的不断提升、消费观念的不断转化，以及农民生活中存在着的一系列的不确定因素，农民借贷资金的使用方向也日益复杂化。

第四，农村民间金融机构的借贷流程与银行借贷的流程具有明显的差异。首先，民间借贷都是短期借贷，以 10～12 个月居多；其次，民间借贷的利率普遍高于银行借贷的利率；最后，不同区域内部的借贷需求具有明显的地区性。

# 第二节　资金供给

"新农村建设"资金的缺口十分巨大，但更严重的问题是，在面临巨大资金缺口的同时，农村地区的资金却在不断流出，从而进一步加剧了农村地区的资金缺乏。我国当前金融体系对农村地区的资金供给严重不足。与此同时，我国农村的金融体制还未与城市中的金融机构互相协调适应，我国对于农村金融体制的整改和规范力度还有待加强，政府对于农村金融机制的建立和完善并未达到理想效果，以上因素导致了我国农村资金需求与资金供给的严重失衡。除此之外，还有一些因素也限制了我国农村经济的供给力度，具体有以下几个方面：

第一，老旧的农村金融体制限制了农村的经济供给力度。1993年，我国实行了金融体制的改革，对我国四大银行的发展方向和经济项目进行了一系列的规定，明确指出了我国现阶段的银行金融项目是为了获取金融领域中的最大化利润，在现代化的市场经济中，创建为国有经济服务的商业银行。在这一政策的引领之下，我国的各个国有银行纷纷转变了自身的经营战略，将自身的经营重点转移到大中型城市中的企业经济活动，中小地区尤其是农村企业，已经被商业银行划分到经济运行的范畴之外。各大银行逐渐降低了对于农村的贷款金额，提升了农村信贷准入要求的标准。而作为农村金融机构中较为重要的农业银行也在一定程度上对农村的经济业务进行了整改，例如减少与农业项目的合作，降低对于农村信贷业务的支持等。农村信用社作为与农民生产生活息息相关的农村金融机构，与商业银行对比更是显现出了自身的缺陷与不足，较小的经济规模难以满足农村地区日益增长的经济需求，资金流较为匮乏，在农村的信贷环境中难以进行有效的集资和融资活动。农村信用社在一定程度上认知到了自身的金融业务的不足，对于农村地区的信贷业务进行了一定的缩减，尤其减少了对风险较高且收益较缓的产业项目的投资，这些措施直接导致了农村的信贷问题以及农村经济发展中的掣肘现象。另外，中国农业发展银行在金融业务上较为单一。随着我国市场经济的不断发展，粮、棉、油等一系列的农副产品生产销售的主体也在日益转变，中国农业发展银行在农业产品中的可用之处已经不断萎缩。日益严峻的农产品市场发展情况迫使农业发展银行拓宽了自身的金融业务范畴，逐步转向商业领域，从而限制了对于农业地区以及农业经济项目的投入。

第二，现阶段的农村金融体制制约了农村的经济发展。对于现阶段我国农村的经济发展成果我们应当有正确的认知。一方面，我国在一定时期内取得了农村经济建设的显著成果，对于农村的发展以及农民生活水平的提升具有一定的积极作用；另一方面，我国在进行农村地区的建设方面，一系列的改革和措施不尽如人意，相比高速发展的经济社会，改革具有一定的滞后性，难以满足现阶段我国农村的发展需求。现阶段虽然已经设立了乡村银行、贷款公司、农村资金互助社等金融机构，但是由于监管不力、机制不全等客观原因，导致以上三种金融机构并未完全发挥自身的经济职能，农村地区的信贷问题也没有得到有效的解决。农村小中型企业虽然已经引进了多元化的管理模式，但是这种高强度集中化的管理很难适应乡村企业的发展趋势。相关研究数据表明，目前的农村金融业务中，仅有约 1/5 的农民能够在乡村金融机构中获取信用贷款，但是农村信用社的信贷服务均是以短期为主，在 10～12 个月之间，短期贷款占据全年各种类型贷款的 3/5。这一现象说明农村金融领域的改革还有很大的提升空间。

第三，民间借贷机构的流程不尽完善影响了农村经济建设的进程。在农村信用贷款这一问题的解决上，一旦正规的金融机构不能满足农村信用贷款的需求，便会有一系列的民间贷款机构衍生出来，并且随着农村经济的不断发展，非正规的民间贷款机构不断扩大自身的经营，在一定程度上取代了正规金融机构的借贷业务。不容忽视的是，民间借贷机构具有高利率、高风险的经营特点，对农村的经济具有一定程度的不利影响，民间借贷机构缺少有效的监管监察机制，在正规金融机构的管理之外具有诸多的监管漏洞。在农村经济的发展道路上，民间借贷机构的存在和运营是不利于农村金融机构的发展的。因此在农村经济的建设中，应当对以民间借贷机构为主的非正规金融部门进行合理合法的打击以及整治，从而完善并且扩宽农村经济的合理合法来源。

第四，政府对于农村金融发展的扶持力度过小，阻碍了农村金融的平稳运行。纵观国内外农村金融的发展历程，各个发达国家对于农村发展均有一定的支持力度和政策，在整个农村发展的流程中国家的宏观支持显得格外重要。例如德国在农村建设以及发展中，首先是减免了部分税收，缓解农村农民问题带来的建设压力；其次是将国家金融的部分业务转移到农村建设上，利用农村的区域环境因素进行经济建设；最后是根据当前的农村建设水平，进行有效的宏观调控，以国家的角度不断攻克农村经济建设中的重点难点。回顾我国在农村经济建设中施行的一系列政策我们可以发现，我国在进行农村金融机构的整合时，虽然在一定程度上效仿了商业银行的管理方式，但是商业银行的经营机制与农村金融机构所面临的环境存在着一定的差异，一味地效仿经营方式很难达到预期的效果。在借贷问题的处理上，商业银行的借贷准则均适用于大中型城市的大众企业，与农村金融机构不同的是，二者所面临的借贷人群或者借贷公司具有一定的差异性，商业银行的某些借贷准则并不能完全适用于农村借贷。以上的种种因素直接影响了农村经济建设中的资金供给，导致农村经济建设难以平稳持续地运行下去。

## 第三节　目前的运行情况

相比财政，金融涵盖的领域更为多样化。按照不同的标准，支持新农村建设的金融服务可以被划分为不同类型。从性质来看，可将新农村建设的金融支持划分为政策性金融与商业性金融；从金融服务类别来看，可将新农村建设的金融服务划分为信贷、保险与基金等；从金融服务提供的主体来看，又可将新农村建设的金融服务划分为银行类金融服务、保险类金融服务、投资基金类金融服务等；从金融服务工具来看，则可将新农村建设中的金融支持划分为贷款、债券、期货等。

提升新农村建设的金融服务水平，需要最大化地发挥各金融服务主体的职能，充分运用各项金融工具，构建参与主体多、覆盖范围广、合力发展的具有中国特色的新农村金融体系。

现阶段，我国对于新农村建设中的农村金融体系建设的帮扶情况如表 4-1 所示。

表 4-1　支持新农村建设的金融服务体系

| 类别 | 名称 | 新农村建设涉及部门 | 新农村建设中的职能定位 | 典型金融服务产品与时间 |
|---|---|---|---|---|
| 农业政策性银行 | 中国农业发展银行 | 全行（主要是客户三部） | 建设新农村的银行，全力提供新农村建设中的政策性金融服务，致力于加快整体新农村建设的发展 | 新农村建设贷款、水利建设政策性贷款、农业产业化龙头企业贷款、农业及农村基础设施建设贷款等 |
| | 国家开发银行 | 评审三局 | 贯彻国家宏观经济政策，筹集和引导社会资金，以融资推动市场建设，促进区域协调发展，支持城镇化、"三农"等瓶颈领域的发展，以市场化方式支持新农村建设 | 新农村建设贷款、县城贷款 |
| | 中国农业银行 | "三农"金融事业部 | 面向"三农"的战略定位，服务于"三农"和县域经济发展，发挥金融强农、惠农、富农的政策。探索"三农"建设新模式，以商业化方式大力推进新农村建设 | 六项核心计划（扶贫、丰收、六好、龙腾、千城、虎跃） |
| 商业性金融机构 | 邮政储蓄银行 | 农村服务部 | 发挥沟通和连接城乡经济社会的最大金融网络功能，借助覆盖所有市、县和主要乡镇及大部分设置在县和县以下地区的分支机构，完善农村金融服务，支持新农村建设 | 新农村专项融资业务、存单质押小额贷款、小额信用贷款试点业务等 |
| | 其他股份制商业银行 | 基本无单独部门，分散在信贷部等部门 | 根据各自定位与区域分布，以市场化原则为指导，关注新农村建设。在符合自身经营发展原则的基础上，参与新农村建设 | 围绕城乡统筹、县域经济发展、小微金融项目和龙头企业等发放贷款 |

续 表

| 类别 | 名称 | | 新农村建设涉及部门 | 新农村建设中的职能定位 | 典型金融服务产品与时间 |
|---|---|---|---|---|---|
| 商业性金融机构 | 农村合作金融机构 | 农村信用社 | 全社 | 承担农村、农户和农业信贷支持的主要任务，发挥新农村建设的主力军作用，突出对农民提供金融支持的基础性地位 | 农村小额信用贷款、联户联保贷款、农户住房贷款、农村基础设施贷款等 |
| | | 农村合作银行 | 全行 | 以合作制为原则，吸引辖区内农民、农村工商户、企业法人和其他经济组织入股，为农民、农业和农村经济发展提供金融服务 | 个人综合消费贷款、个人竞技型贷款、个人工程机械按揭贷款、生源地助学贷款等 |
| | | 农村商业银行 | 基本全行 | 以股份制为原则是未来农村信用合作社改革的方向，应主要为农民、农业、农村经济发展提供金融服务 | 农户小额信用贷款、林权抵押贷款、农户扶贫贷款、妇女创业贷款 |
| | 新型农村金融机构 | 村镇银行 | 全行 | 在农村地区设立，为当地农民、农业和农村经济发展提供金融服务，发挥信贷措施灵活、决策快的特点，支持新农村建设 | 微小贷款、种养殖贷款、自建房贷款、农业合作社贷款等 |
| | | 贷款公司 | 全公司 | 专门为县域农民、农业和农村经济发展提供贷款服务，贷款主要用于支持农民、农业和农村经济发展 | 担保贷款、信用贷款等 |

续　表

| 类别 | 名称 | | 新农村建设涉及部门 | 新农村建设中的职能定位 | 典型金融服务产品与时间 |
|---|---|---|---|---|---|
| 商业性金融机构 | 新型农村金融机构 | 农村资金互助社 | 全社 | 由乡镇、行政村农民和农村小企业自愿入股组成为社员提供存款、贷款、结算等社区互助性银行业金融服务 | 全部产品 |
| | | 小额贷款公司 | 基本全品种 | 优化农村金融市场，解决"三农"和中小企业融资困境，支持新农村建设 | 小额担保贷款、商业助业贷款、小额信用贷款、联保贷款等 |
| 金融市场／金融工具 | 农村保险（含农业保险） | | 全险种 | 发挥在非银行类金融机构中的主导地位，健全和完善农村保险服务体系，为农村地区金融业务的创新活动提供技术支撑和保险保障，支持新农村建设 | 种植业险、养殖业险、病虫害险、自然灾害损失险、疾病死亡保险等 |
| | 农业期货 | | 全品种 | 保护农产品生产，稳定农产品价格，保证农产品质量，促进新农村建设发展 | 天然橡胶、玉米、黄大豆一号、黄大豆二号、豆粕、豆油等 |
| | 农业证券市场 | | 全品种 | 通过农产品证券化促进解决农业生产中的融资难问题，转移农业生产的风险，促进农业龙头企业的发展 | 农业板块上市公司 |
| | 农业投资基金 | | 全品种 | 为产业链比较完善的中期农业企业投入权益性资金，支持发展生态农业、科技农业、循环农业以及休闲农业等具有较高经济收益的农业产业 | 中国农业产业发展基金 |

表 4-1 详细列示和分析了目前国内新农村建设中金融支持的组成结构。在这一结构中，包含了不同种类的金融工具、金融机构，用以应对金融市场中不同的经济需求。

从金融机构涉农信贷投放总量来看，自 2011 年开始，银监会即要求各银行业金融机构涉农信贷投放增速不低于其他各项贷款的平均增速。相关数据表明（图 4-2），2013 年与 2012 年同期相比，银行金融机构涉及农业贷款余额增长 18.5%，与 2013 年年初相比，也有 3.4 亿元人民币的增长。2013 年年末我国的银行金融机构涉及农业贷款金额已达到 20.9 亿元。增幅之大由此可见。

农村中小金融机构继续发挥着支农服务主力军的作用，占涉农贷款增量的 30%。

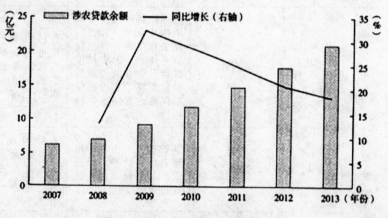

图 4-2　现行农村金融体系概略

注：资料来源于 2007—2013 年《中国银行业运行报告》。

农业发展银行作为农村金融机构中具有农业政策性的银行，在新农村的建设，尤其是新农村的经济建设中具有先导性的积极意义，是"建设农村的银行"，是目前国内对新农村建设金融支持力度最大的金融机构，也是引领其他性质的金融服务进入新农村建设领域的关键力量。为了围绕新农村建设，紧跟国家规划和发展步伐，农发行不断创新金融产品和提升金融服务水平，有力推进了新农村的建设。见表 4-2。

表 4-2　2007 年以来农业发展银行业务拓展情况

| 银监会批复时间 | 新增业务种类 | 新增业务用途 |
|---|---|---|
| 2007 年 1 月 21 日 | 农村基础设施建设贷款业务 | 农村路网、电网、水网（包括水工程）、信息网（邮政、电信）建设，农村能源和环境设施建设 |
| 2007 年 1 月 21 日 | 农业综合开发贷款业务 | 农田水利基本建设和改造、农业生产基地开发与建设、农业生态环境建设、农业技术服务体系、农村流通体系建设 |
| 2007 年 1 月 21 日 | 农业生产资料贷款业务 | 农业生产资料的流通和销售环节 |
| 2007 年 4 月 6 日 | 农业小企业贷款业务 | 农、林、牧、副、渔业从事种植、养殖、加工和流通的小企业 |
| 2009 年 6 月 11 日 | 县域存款业务 | 县城（包括县级市、城市郊区、郊县）地区开办吸收除居民储蓄存款之外的公众存款业务 |
| 2009 年 6 月 11 日 | 县城城镇建设贷款业务 | 城镇基础设施，文化、教育、卫生和环境设施，便民商业设施和农村集中住房（包括农村集中居住区、棚户区、泥草房等）改造工程建设 |
| 2007 年 6 月 11 日 | 咨询顾问业务 | 农业发展银行业务范围内的存贷款客户和关联企业 |
| 2007 年 9 月 10 日（农业发展银行业务开办时间） | 新农村建设贷款业务 | 解决借款人在农村土地整治、农民集中住房建设等方面的资金需求 |
| 2012 年 10 月 | 水利建设中长期政策性贷款 | 支持国家水利建设 |

　　除农发行外，其他商业性金融机构在推进和支持新农村建设金融服务提升中，也不同程度地发挥着积极作用。对于商业性金融机构的新农村建设金融服务，可按照其各自的发展体制沿革、贡献程度和存在的问

题多个角度考察。其中，需着重关注以下几个方面。

（1）国家开发银行。国家开发银行作为国家发挥宏观调控职能的代表，对于经济结构的调整以及经济发展的支持具有重要的战略性作用。在国家的相关基础性建设，以及基础建设的部分配套建设项目中的集资和融资领域承担了主要作用，是现阶段我国进行基础设施完善和建设中的"主力银行"。它作为国家政策性银行，承担着为国家重大建设提供投融资的使命，虽然 2008 年国家开发银行改制成为股份制机构，"政策性"的"帽子"被摘除，但从其业务开展实践和投融资模式来看，国家开发银行仍然具有一定的政策性色彩，在支持新农村建设方面发挥着极大的作用。

2012 年，国家开发银行发行新农村建设贷款 1 350 亿元，其中，为促进农业现代化，发放农业产业贷款 216 亿元。截至 2012 年年末，国家开发银行新农村建设贷款余额达 6 767 亿元（见图 4-3）。新农村建设贷款的发放，有力地支持了新农村及县域基础设施建设、产业化龙头企业、农村医疗卫生和教育的发展。

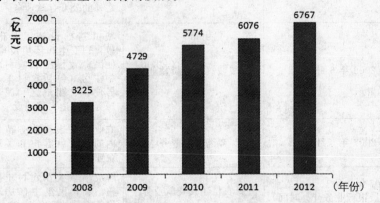

图 4-3　2008—2012 年国开行新农村建设贷款余额情况

注：资料来源于《国家开发银行 2012 年度报告》。

（2）中国农业银行。从名称来看，中国农业银行最适合作为新农村建设的主力支持银行。长期以来，农业银行依托其分支网点多的优势，在支持"三农"问题解决中发挥了积极的作用。

2009 年，农业银行改制上市，成为股份制银行，作为市场化运营的股份制银行，农业银行在金融服务提升中的"三农"倾向将由股东决定。但在长期支持我国"三农"问题解决的传统及监管层（中国人民银行、银监会）的政策引导下，近几年，农业银行支持新农村建设的力度不断加强，还专门成立了支持新农村建设的部门——三农金融事业部。

从 2010 年开始，我国部分省份已经完善了自身的农业金融事业建设，成为全国农业金融建设的试点性地区，四川省等八个省份率先成为三农金融事业部这一新兴的农村金融部门的试验田。中国人民银行专门制订了针对农业银行三农金融事业部改革试点的差别化存款准备金率的实施办法，对涉农贷款投放较多的县支行实行比农业银行低 2 个百分点的优惠存款准备金率（截至 2012 年差别化的存款准备金率已经增至 12 个省份，以往的 8 个省份的面积得到了扩大）。截至 2017 年末，农业银行涉农贷款余额达 3.08 万亿元，比年初增加 3 586 亿元。中国农业银行行长赵欢表示，2017 年农业银行服务"三农"实现了新突破，未来进一步服务好乡村振兴战略、绿色金融、普惠金融将是农行资产配置的重点。

据了解，目前农业银行服务乡村振兴战略的方案已设计完成。2018 年农业银行将启动实施服务农村产业融合、农村产权制度改革、国家粮食安全战略、脱贫攻坚、美丽宜居乡村、县域幸福产业、"三农"绿色金融发展等七大行动，进一步加大对"三农"金融服务力度，加强政策资源保障，力争在服务乡村振兴上拔头筹、出亮点、创佳绩。

（3）中国邮政储蓄银行。邮政储蓄银行继承了国内原有的邮政储蓄业务。由于历史和传统等原因，邮政储蓄业务在我国具有广泛的覆盖性，能涵盖广大农村地区，长期以来都是农民储蓄借贷的重要途径。早在 2008 年 4 月，邮政储蓄银行网点就达到了 3 600 个，成为国内营业网点最多的金融机构。邮政银行的分支机构坚持将自身的工作重心面向农业，不断将自身的银行网点扩大化，争取早日覆盖到全国各个市县，保持基层地区的金融服务能够稳定进行，这对于我国农村的金融改良以及农村金融发展具有促进作用。

邮储银行在支持新农村建设中具有独特优势。自 2007 年 3 月 20 日成立至今，邮储银行已设立了约 3.9 万个网点，其中 2/3 的网点分布在县及县以下地区；拥有 6 亿多庞大的客户群，这些客户多是农民、小微企业主、在外务工人员和大学生。以湖南省为例，邮储银行湖南省分行于 2007 年 12 月 18 日挂牌成立，截至 2013 年年底，该行累计向湖南投放资金 2 892 亿元，其中，直接面向"三农"和"小微企业"客户发放贷款 873 亿多元，累计服务"三农"客户 43.75 万户，服务小微企业 5.78 万户。对我国中小型和小微型企业的资金信贷问题具有良好的治理作用，有利于我国新农村建设向着更快更好的方向发展。

（4）农村中小金融机构。农村中小金融机构包括农村合作金融机构和新型农村金融机构，其中，农村合作金融机构包括农村信用合作社、农村合作银行和农村商业银行，新型农村金融机构包括村镇银行、贷款公司、农村资金互助社和小额贷款公司等。基层金融机构的不断完善是多年来政策与制度不断完善的结果，自 2006 年以来，银监会发布了《关于调整放宽农村地区银行业金融机构准入政策，更好支持社会主义新农村建设的若干意见》，农村金融出现了市场准入准则，我国新农村建设正式拉开帷幕，并且相关部门进行了相关政策的调整以及整改，为不断推进新农村的建设进行了多方面的努力。

截至 2013 年年初，全国共发起设立了 863 家新型农村金融机构，其中村镇银行 800 家，贷款公司 14 家，农村资金互助社 4 家，其余类型 45 家。以村镇银行为例，经过多年发展，目前国内村镇银行机构数量粗具规模，地域分布较为合理，经营管理日趋完善，服务创新渐具特色，逐渐发展成为服务"三农"和小微企业的新生力量。截至 2013 年年初，全国共有 800 家村镇银行开业，另有 76 家处于筹建状态，总数量比 2012 年增加了 150 家，其中，中西部地区占到了 61.2%。已开业村镇银行的资产总额为 4 343 亿元，贷款余额为 2 330 亿元，其中农户和小微企业贷款余额合计占 84%。

表 4-3 和图 4-4 分别是我国现阶段涉农金融机构的网点以及服务人员的变化情况和金融机构资产情况。

对于农村地区的小额贷款出现频繁、贷款金额灵活多变、贷款流程不尽规范等一系列的现实问题，农村地方政府以及农村金融机构对此进行了整合和管理，完善了地方小额贷款的运行机制，增强了农村金融机构的服务规范。对于"三农"问题的服务能力提高，有一定的促进作用。

表 4-3  主要涉农金融机构网点和从业人员情况（截至 2013 年年初）

| 机构名称 | 法人机构数（个） | 从业人员数（人） |
|---|---|---|
| 农村信用合作社 | 1 927 | 502 829 |
| 农村商业银行 | 337 | 220 042 |
| 农村合作银行 | 147 | 55 822 |
| 村镇银行 | 800 | 30 508 |
| 贷款公司 | 14 | 111 |
| 农村资金互助社 | 49 | 421 |
| 合计 | 3 274 | 809 733 |

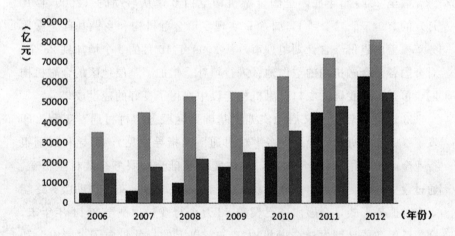

图 4-4  2006—2012 年部分农村金融机构总资产变化情况

目前，农村中小金融机构的发展在实践中仍存在一些不容忽视的问题。笔者综合分析了农村中小金融机构探索实践的成果和存在的问题，认为其突出特征表现在以下几个方面。

第一，农村信用合作社改革取得突破，支持新农村建设的力量得到增强。不论是从资产规模、信贷投放规模还是从机构分布来看，农村信用合作社一直承担着支持农村、农户和农业信贷的主要任务，发挥着新农村建设的主力军作用，在对农民提供金融支持方面具有基础性地位。农村信用合作社也进行了全方位、多层次的整改，从管理体制、人力资源、发展规划等方面进行了许多更适合农村环境的变革。相关调查数据显示，截至2016年年初农村信用合作社在全国范围内共建立机构8万余家，为80％资金缺乏的农民群体提供了信贷资金，弥补了以往乡镇金融机构的缺失，为乡镇企业建设以及农村居民的生活提供了更多的保障和支持。

第二，金融机构空白乡镇数量大幅减少，偏远农村地区的金融服务得到显著改善。拓宽了我国农村金融服务的领域，满足了众多地区居民的金融业务需求。

截至2014年年底，全国金融机构空白乡镇从启动时（2009年10月）的2 945个减少到1 570个；实现乡镇金融机构和乡镇基础金融服务双覆盖的省份（含计划单列市）从2009年10月的9个增加到25个。对全国各个金融机构的空白地区进行填补，增加了基层地区的金融机构网点覆盖，在我国的农村金融机构建设中取得了良好的建设成果。

2014年，银监会又启动实施了基础金融服务"村村通"工程，印发了《关于推进基础金融服务"村村通"的指导意见》，引导和鼓励银行业金融机构用3～5年时间，总体实现基础金融服务行政村全覆盖。通过设立标准化网点、开展简易便民定时定点服务、布设自助服务终端等多种服务形式，金融服务已覆盖52万个行政村。截至2014年年末，全国已组建的新型农村金融机构92.9％以上的贷款投向了"三农"和小微企业。全国已有1 045个县（市）核准设立村镇银行，县域覆盖率达54.57％。

第三，农村地区金融机构改革探索有喜有忧，改革经验弥足珍贵。一方面，通过农村中小金融机构的改革探索，找到了适合我国国情的发展道路，主要体现在农村商业银行成为农信社进一步深化改革的方向。农信社改制为农村商业银行既能节约改制成本，又坚持了服务"三农"、支持新农村建设的战略定位，相比改制为农村合作银行等形式更为稳妥。另一方面，农村资金互助社、贷款公司等探索形式由于种种原因遇到挫折，因此应进一步反思农户合作金融模式的利弊和问题。银监会《新型农村金融机构 2009—2011 年总体工作安排》中曾明确表明未来农村金融机构的建设预期：在 2009—2011 年三年间在全国范围内建立161 家农业互助社。但是实际的建设成果仅有 4 家。这是因为农村资金互助社自身存在一定的局限性，在农民生活中并没有实际可行的帮扶策略，并且由于具有较高的信贷利率，在信贷方面也不被列入农民的选择范围之内。贷款公司在实践中的发展和表现也并不理想。农村资金互助社发展中暴露的问题，一定程度表现出了农村改革实行过程中的难度与强度。农户互助合作社的金融模式具有理论上的先进性和可行性，然而却在农村地域难以实行。政策层面应如何调整，推进中小农村金融机构发展的步骤和进度安排是否合适，这些是农村金融改革进一步探索和发展中不容忽视的重要问题。

此外，从整个新农村建设的金融支持体系来看，最近几年在财政补贴刺激下的涉农贷款出现了高速增长，同时逐渐暴露出涉农贷款发放的难度。近年来，一向被银行视为高风险、低利润的"烫手山芋"——涉农贷款，年增长率均在 30% 左右。究其原因，一方面是相关部门政策的支持，要求商业银行全年信贷金额中农村地区信贷金额的增长速度不得低于其他类型的信贷金额增速；另一方面是政府对于农村地区的财政支持力度有明显的增加。但是这种政策也存在一定的局限性，国家的定性规定使得商业银行财政压力过大，不得不调整银行的信贷利率，地方政府对于农业的不断支持增加了基层政府乃至省、市、国家政府的财政压力。

由于农村信贷金额较少，农业生产具有明显的季节性，农业贷款的收效并不理想，农业生产受自然条件影响较大，因此农业信贷的风险较高，以上均是商业银行对于农业贷款并不热情的原因所在。

但在这样艰难的条件下，我国的农村信用社改革仍然取得了重要的成果：可持续发展能力增强，农村金融服务水平提升，产权制度改革稳步推进。2015 年，全国农村信用社实现利润 2 233 亿元；截至 2015 年年末，不良贷款比例为 4.3%，资本充足率为 11.6%；涉农贷款余额和农户贷款余额分别为 7.8 万亿元和 3.7 万亿元，比 2014 年年末分别增长了 9.8％和 8.8％。全国共组建以县（市）为单位的统一法人农村信用社 1 299 家，农村商业银行 859 家，农村合作银行 71 家。

涉农贷款发放中的困难集中体现在邮政储蓄银行上。虽然邮政储蓄银行发放的涉农贷款增速较快，但仍不能满足"三农"和小微企业快速发展的需要。同时，大量金融资源由农业大省流向工业大省、从农村地区流向城市地区的趋势不断加剧，资金外流现象严重。各农村金融机构涉农贷款的真实发放积极性、实际作用和未来增速如何，仍待进一步考察。

# 第四节　政策性金融支持

基于上文分析，推进"三农"问题解决，加快社会主义新农村建设，需要政策层面的战略创新与设计，更需要实践层面的财政与金融服务支持。自国家新农村建设战略正式提出以来，围绕推进新农村建设与发展的诸多方面，国家通过各种形式制定并颁布了支持新农村建设的各项政策、措施，并在财政层面制定并推出了频率高、力度大的财政扶持政策和具体实施路径，涵盖税收、收费及转移性支付等多方面，在有力地促进新农村建设发展的同时，展示了来自政府决策和政策层面的发展决心与支持力度。但是国家政策对于农村建设的财政支持难以满足新农村建设过程中的大量资金消耗，因此要切实促进新农村建设发展，还需要依赖金融体系的大力支持。在市场经济条件下的金融体系，其金融服务供给以赢利为基本出发点，虽然有农业发展银行等政策性金融机构可在政策允许范围内减少对盈利的需求，但体量较小的政策性资金远远无法满足新农村建设的需要，新农村建设仍需要商业性金融的大力支持。对于新农村建设这一系统性的社会工程来说，树立一个建设重点目标是整个工程的重中之重。本课题的研究中将金融体制和金融服务的变革作为引导新农村改革这一战略性政策的"领路人"和"排头兵"，并提出了相应的理论基础和实行策略。

全面提升新农村建设中金融服务水平的重要且可行的模式是：地方政府参与，借助政策性金融的引导和示范作用，吸引商业性金融"配比"或自主投入，保障资金偿还水平，增强金融服务的支持力度（如图4-5 所示）。当然，要想实现政策性金融对商业性金融的引导和"撬动"，仍需要政策和财政层面的大力支持。

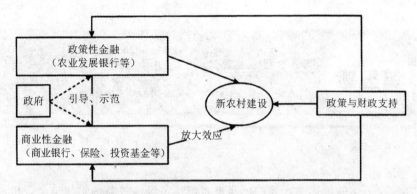

图 4-5　政策性金融引导商业性金融进入新农村建设的模式

实际上，这种模式在当前的新农村建设试点中已经取得了成功，并积累了相当多的发展经验，充分发挥了政策性金融在新农村建设整体金融服务体系中的核心和带动作用，加快了商业金融服务的变革与创新，形成政策性金融带动商业性金融扩大投入的良好模式，全面推进了新农村建设，具有广阔的发展前景。在下面的章节中，我们将以中国农业发展银行为例，探讨政策性金融在当前新农村建设中的作用及存在的问题。

## 第五章　农村金融发展与农村经济增长关系研究

在上文的论述中，我们已经重点解读了经济效益的增加与金融机制整合之间的关系。在下文中我们将以上文的内容作为研究基础，重点分析在农村环境内，金融机制的改良与经济发展之间的关系。

## 第一节　金融发展与经济增长关系研究评述

长期以来金融发展情况与经济增长之间的联系都是经济学界重点关注和讨论的问题之一。金融发展的定义较为宽泛，主要指的是关于金融机构、金融市场、金融资产等多个角度的发展问题。而对于经济增长，学者主要关注的重点就是经济水平的增长。在本文中，金融发展的主要研究内容是：经过理论研究以及抽样调查，证明金融发展对于经济增长的促进作用，或者说经济增长对于金融发展的推动效果，并且以此为基础逐步制定适合我国农村的金融发展策略。

### 一、金融发展与经济增长关系的理论研究

早期的金融学说是围绕货币的职能和作用来研究金融发展与经济增长关系的，这一理论非常注重货币体系在经济中的重要作用。20 世纪早期的经济学家中，熊彼特（Schumpeter）最早从企业家才能和创新的角度论述了金融体系在经济发展过程中的重要性。1912 年，熊彼特

（Schumpeter）在《经济发展理论》中研究了一个国家金融业的发展与人均收入增长率的关系。他认为：良好的银行体系通过甄别和投资那些具有创新产品和创新工艺的项目促进科技创新，从而推动经济增长。他指出，"纯粹的企业家在成为企业家之前必须首先使得自身成为债务人"。

格林（Gurley）和肖（Shaw）分别于 1955 年和 1956 年发表论文《经济发展中的金融方面》和《金融中介机构与储蓄——投资》，标志着现代金融发展理论的产生。为了证明经济发展阶段越高、金融作用越强的命题，他们创立了金融发展模型。1966 年，美国经济学家帕特里克（Patrick）提出经济增长与金融发展关系的两种模式：需求追随模式和供给引导模式。需求追随型金融发展模式强调了经济增长对金融发展的带动作用，认为随着经济增长，经济主体会产生对金融服务的需求，作为对这种需求的反应，金融体系将不断发展与完善。供给引导型金融发展模式强调了金融发展对经济增长的能动作用，认为金融机构的产生、金融资产、金融负债以及相关金融服务的供给大于金融需求，特别是现代企业家的需求。但帕特里克（Patrick）同时指出了供给引导型金融发展不是经济增长的一个必要条件，它代表的是一种引发实际经济增长的机会，因此，它有可能在增长过程的初期阶段发挥更为重要的作用。希克斯（Hicks）从一个新的角度，即金融具有分散风险、提供流动性的作用，诠释了金融对经济增长的促进机制。他指出，早期英国强盛是由于其拥有一个完善的资本市场，技术创新的发生是具有完善资本市场的结果。因此，金融发展促进了工业革命的发生。从之后的理论研究看，先后出现了金融结构论、金融深化论、金融约束论和金融功能论等理论。

为了衡量一国或地区的金融发展状况，戈德史密斯（R. W. Goldsmith）将经济增长与金融相关比率（Financial Interrelation Ratio，FIR）结合进来分析，认为"金融发展就是金融的变化"。金融结构论认为金融变量的数量及结构影响经济增长，这样金融发展的有关指标以及总金融资产的结构就构成了经济增长的重要影响因素。

20 世纪 70 年代涌现了一批在金融发展中具有重要学术地位的理论

成果。其中于 1973 年分别出版的麦金农（R.I.Mckinnon）的《经济发展中的货币与资本》和爱德华·肖（E.Shaw）的《经济发展中的金融深化》两本专著在金融发展理论研究中具有划时代意义。通过大量研究，他们指出，正是发展中国家普遍存在的金融压抑现象抑制了这些国家金融体系聚集金融资源的能力和金融体系发展。因此，他们建议这些国家采取积极措施，放松利率管制，让利率真实地反映资金供求。爱德华·肖（E.Shaw）还提出了"债务媒介论"，指出货币是金融系统里广泛发挥作用的媒介，它有利于效率提高、成本降低和产出增加。正是由于麦金农（R.I.Mckinnon）和爱德华·肖（E.Shaw）在分析金融抑制与金融深化问题时得到了相似的研究结论，所以学术界将他们的理论统称为"麦金农-肖模型"，并将此模型视为金融发展理论形成的标志，它揭示了金融发展与经济增长之间相互制约、相互促进的辩证关系。20世纪 70 年代后半期到 80 年代初期，一些经济学家在麦金农（R.I.Mckinnon）和爱德华·肖（E.Shaw）的研究基础上，对"麦金农-肖模型"进行拓展，将利率限制和准备金要求纳入模型中，建立了正式的宏观经济模型，该模型被称为"麦金农-肖模型"的第一代拓展。20世纪 80 年代中期到 90 年代对金融深化理论的研究侧重于内生经济增长和内生金融机构的分析，提供了完整的模型来解释金融中介产生的根源和金融中介在经济中的作用，被称为"麦金农-肖模型"的第二代拓展。

20 世纪 90 年代以来，以赫尔曼（Helman）、默尔多克（Murdock）和斯蒂格利茨（Stiglitz）为代表的新凯恩斯主义经济学家从不完全信息的角度提出了金融约束论，重新审视了金融体系中的放松管制与加强政府干预的问题。赫尔曼在《金融约束：一个新的分析框架》中指出，利率提高对经济增长的影响具有不确定性，它既可能促进投资、扩大产出，也有可能导致有效需求不足，抑制经济增长；此外，在信息不对称背景下，金融自由化在一定程度上可能会加剧金融市场的不稳定性。因此，在发展中国家从金融压抑状态走向金融自由化的过程中，金融约束论主要强调政府干预的重要作用。

金融发展促进经济增长，其作用机制在于如何发挥金融体系的功能。20 世纪末，金融功能观开始涌现。学者金（King）和莱文（Levien）通过研究指出，金融的主要功能是在不确定环境中促进资源配置，金融体系发展既有利于资本形成，也在长期内促进了生产提高和经济增长。所以从金融发展和经济增长的关系看，前者是因，后者是果。博迪（Bodie）和莫顿（Merton）在探讨金融对于经济增长的具体作用机制时，认为金融系统的核心功能可归纳为六种：提供支付系统、融资机制、经济资源转移途径、控制风险手段、处理不对称信息和解决激励问题的方法。

国内学者对于金融发展也进行了诸多研究，得出了具有建设意义的理论成果。学者白钦先认为资产的积累应当走可持续发展的道路，不仅要着眼于当前的经济收益，更应当注重未来的收益预期。经济发展与金融机构的建设应当互相配合，这一配合程度是对金融能率评定的标准之一。学者王振山在此基础上对金融效率进行了概念的界定，提出金融效率即金融投资效率。学者孔祥毅的相关研究结论是，实现金融可持续发展的一大重要前提是将经济发展保持在与金融发展相互协调的良性运作中，并且具有高效的业务办理能力。

## 二、金融发展与经济增长关系的实证研究

在金融发展与经济增长相关性的计量检验方面，戈德史密斯（R. W. Goldsmith）以金融中介的资产总量占 GDP 的比重作为金融发展的度量指标，实证分析了 35 个国家 1860—1963 年的相关数据，发现经济增长速度较快阶段常具有金融发展超常水平特征。因此，他认为金融发展与经济增长之间具有明显的同步性。金（King）和莱文（Levien）对戈德史密斯（R. W. Goldsmith）的研究进行了深入和扩展，研究了 80 个国家 1960—1989 年的样本数据，在控制其他经济增长因素的前提下，分析了金融发展水平对经济增长的影响，发现了金融深化程度与资本积累和生产力增长之间存在正向因果关系，但没有由经济增长向金融增长指标影响的反向因果关系。帕加诺（Pagano）、格特勒（Gertler）和罗斯（Rose）等学者也从不同侧面对金融发展与经济增长关系进行了进一步研究。

在金融发展与经济增长的因果关系研究方面，金（King）和莱文（Levien）用 1960 年的金融深化程度来预测 30 年后的经济增长差异，

发现金融深化率可以作为预测经济增长水平的因子，但这种方法还不能表明两个变量之间存在因果关系。阿多弗（Adolfo）选择 1980—1997 年巴西的时间序列数据，运用格兰杰因果关系来检验金融发展与经济增长之间的因果关系，得出二者之间互为因果关系的结论。贝克（Beck）和莱文（Levien），诺尔曼（Norman）和罗曼（Romain）采用面板数据（Panel Data）建立了动态计量经济模型来研究金融发展与经济增长之间的关系，结果表明金融深化对经济增长具有明显的正向影响。

国内大部分学者的研究认为金融发展对经济增长有显著的影响。曹啸和吴军运用格兰杰因果检验法，分析了中国经济增长与金融发展之间的关系，认为金融发展的确有助于经济增长，但其促进方式不是依靠提高资源配置效率，而是依赖于外延式扩张金融资产。冉茂盛、张宗益、钟子明运用多变量（向量自回归）方法，依据中国改革开放 20 年来的相关宏观经济数据，其中包括宏观经济指标中的国内生产总值、国有及非国有部门年生产总值、固定资产投资额及金融发展指标中的金融相关率、实际利率等，对中国的金融发展与经济增长关系进行了实证分析，得出中国金融发展对 GDP 增长具有显著的促进作用。

## 三、金融发展与经济增长关系的归纳

在经济增长与金融发展关系的相关研究中，产生了五种不同的论断。

（1）经济增长与金融发展没有必然联系。琼·罗宾逊（Robinson）指出，金融体制的改善并不会推动经济增长，它是随着经济增长而不断进步的。卢卡斯（R. E. Lucas）认为对于二者关系持正相关的理论是夸大了金融改革的效应，并不具有说服力。

（2）经济增长促进金融发展。莱文（Levien）认为，在经济发展较为稳健的地区，金融机构更加注重保护客户的私人信息以及个人权益；在经济发展较为落后的地区，金融机构对客户利益的维护不佳，法律机制不健全，难以确保客户的合法利益不受侵害。这一理论主张经济增长伴随着金融水平提升，经济发展的需求导致金融发展的升级。

（3）金融发展促进经济增长。学者金（King）和莱文（Levien）认为金融发展对于经济增长具有促进作用，但是这一作用是单向的，二者并非相辅相成的关系，经济增长并不能推进金融体系的变革。

（4）金融发展制衡经济增长。戴蒙德（Diamond）和克鲁格曼（Krugman）两位学者进行了相关的论述与研究，认为经济发展不健全，运行机制较为陈旧，依靠政府刚性要求，阻碍了市场自身的供求弹性和自主调节，影响了市场正常需求。因此金融发展对于经济具有阻碍作用。

（5）经济增长与金融发展相互依存、互为表里。本西维加（V. R. Bencivenga）和斯塔尔（R. M. Starr）二者研究表明，经济增长与金融发展是相辅相成、互相作用的。自 20 世纪 90 年代开始，这一理论逐渐被众人认同，但是研究的重点转向了金融方面的改良与提升能否促进区域内经济的发展。

# 第二节　农村金融发展与农村经济增长关系研究

纵观我国的金融发展状况，我国是一个农业大国，农村地区的金融发展直接关系到我国金融发展的整体水平。我国还是一个发展中国家，经济体系受到二元经济结构的影响。不断扩大化的城乡差异、农村地区的落后情况、城市地区的快速发展使二元经济模式不断深化。因此，农村金融理论在我国的农村发展中更具代表性。

## 一、农村金融发展与农村经济增长关系的理论研究

农村金融发展理论主要由三个阶段组成：农村金融管制理论、农村金融市场理论以及农村金融约束论。这一理论不是刚性要求，而是适用于大多数国家农村发展情况的理论体系，对发展中国家的农村金融以及农村经济的发展具有重要的影响。

农业金融发展理论的初级阶段是农村金融管制理论，这一理论适用于我国 20 世纪 80 年代之前的农村经济发展情况。在这一阶段，商业银行的经营理念是谋取经营中的利益最大化，对于农村地区的信贷情况，笔者在前文中已经有所论述，在此不再赘述。农业经济借贷具有明显的

季节性以及不确定性，商业银行对于农业借贷需要承担较大的风险，而且农业信贷收益较慢，因此商业银行对于农业信贷是具有排斥心理的。另外农村居民的存储能力较差，生产生活的收益较低，导致了农业资金的短缺。加之商业银行的信贷难以有效地实现，农村经济长时间处于低迷状态。政府由于遵循国家对于农业的补贴政策，对于农民的生活进行了一定程度的帮扶，因此基层政府在农村经济的建设中居于主导地位。

农村一直存在的非正规的金融机构，即民间借贷公司，在政府主办的金融机构的监管治理之下逐渐消失。但是一旦政府资金难以满足农村经济的资金所需，民间借贷又难以实现，就容易导致农村经济发展困难。

农业金融发展理论的中级阶段是农村金融市场理论。该理论是在新古典经济的研究基础上提出的，主张在经济市场中放任经济自由发展，以市场的变化来引导经济的发展趋势。学者麦金龙（R. I. Mckinnon）和肖（Shaw）提出了金融深化的理论，更加重视市场发展带给金融的引导性和自由性，反对政府对于金融市场的过分束缚，反对过分打压民间借贷机构，反对银行存储利率过低。这一理论认为，政府对于市场的过分监管会影响市场发展的自主性和积极性，民间借贷机构的存在有其自身的价值，银行过低的利率会影响居民的存储信心。反之，农民应该在金融机制中选择适合自身融资的方式以及方向，利用市场的发展情况进行合理的农村信贷。这一理论的现实依据就是农村的自由化经营发展，农村不断在市场的发展以及变化中找到适合自身的前进方向，也可以将其看作金融深化理论的农村地区实践。

农业金融发展理论的高级阶段是农业金融约束论。随着 20 世纪 90 年代东南亚国家金融危机的爆发，人们看到了市场调节中存在的局限性，单纯依靠市场很难达到经济的稳健发展，市场具有一定的风险，会带给农村经济发展更多的压力与挑战。这一理论来源于学者斯蒂格利茨（Joseph E. Stigilitz）的不完全竞争和不完全信息理论的研究成果，他认为政府对于经济发展的监督和约束是十分必要的，一定程度的保护政策更有利于经济的稳定发展，但是这一约束机制应当具有一定的灵活性，适当鼓励农村市场的竞争，引导农村地区的民间借贷向正规领域发展。这一理论贴近当前发展中国家农村地区的经济发展情况，具有较强的解释力和说服力，适用于农村地区的经济建设，具有较强的实践性和时效性，也可将其看作金融约束论在农村领域的发展。

以上三个派别的详细比较见表 5-1。

表 5-1　农村金融发展理论派别及其观点比较

| 派别 | 农村金融管制理论 | 农村金融市场理论 | 不完全竞争理论 |
|---|---|---|---|
| 政府干预市场 | 有必要，政府应在农村金融发展中扮演积极角色 | 没有必要，重视市场机制作用 | 政府一定程度的干预有助于弥补市场失败 |
| 利率管制 | 支持利率管制，维持低利率水平 | 利率水平应该由市场机制决定 | 应逐步放松利率管制，保持正常的实际利率水平 |
| 资金筹集方法 | 主张由政府建立专门机构从外部注入资金 | 应动员农村内部资金，反对从外部注入 | 应基本依赖农村内部资金，外部资金起补充作用 |
| 金融机构管制 | 有必要通过优惠措施保护农村金融机构并实施管制 | 没有必要实施金融机构保护和管制措施，鼓励金融机构的竞争 | 在农村金融发展初期，有必要进行一定程度的保护和管制，后期应逐步放松管制，鼓励竞争 |
| 资金回收方法 | 进行指导性贷款，不注重资金回收率的提高 | 运用市场性手段提高资金回收率，保持农村金融的自我可持续性 | 改善信息非对称性，利用担保融资、使用权担保以及互助储金等回收资金 |
| 非正规金融 | 非正规金融阻碍农村发展，弊端多，应取消 | 非正规金融是有效的金融形式，具有一定的合理性，应予以规范发展 | 政府应适度对非正规金融进行介入，以提高非正规金融的效率 |
| 政策性金融 | 建立政策性金融，实施以贫困阶层为目标的专项贷款 | 政策性金融是无效的，应动员农村资金，反对特定目标贷款制度 | 政策性金融应在一定范围内存在，但不能妨碍正当的金融市场竞争 |

注：资料来源于王曙光，乔郁等.农村金融学 [M].北京：北京大学出版社，2015.

## 二、农村金融发展与农村经济增长关系的实证研究

比隆吉亚（Belongia）和西尔伯特（Cilbert）为分析信贷对农业产出的影响程度大小，从农村金融组织和农业信贷对农业产出影响的角度建立了农业信贷对农业产出影响的市场分析模型。冯匹斯克（Von Pischk）等学者将贷款对农业产出影响的方式方法进行了总结，主要有生产函数、投入要素需求函数、效率缺口函数和线性规划等。

世界银行的综合研究报告将农村金融的目标定位在两个方面，即通过增加农民收入来促进经济增长。报告认为市场失灵、不健全的法律和监管体系、不当的政策环境（如优惠政策向城市倾斜）等原因，导致了农村金融市场效率低下。依据覆盖面和持续性标准，该报告总结了农村金融业绩评估分析框架，并分析了全球三个成功的农村金融机构：孟加拉乡村银行、泰国农业与农业合作社银行、印度尼西亚人民银行的小额信贷部的经验。

根据现实运行情况，"美洲发展银行—农村金融发展战略"认为，采取行政手段干预农村金融组织的信用配额、低息贷款等行为，也达不到完善农村金融组织运行的目标。为了能适应金融服务现代法案（FSMA）带来的变化，美国农业研究中心副主席达本斯特（Drabenstott）和巴克曼（Barkema）提出要加快改革农村金融组织。布瑟（Bursess）和潘德（Pande）认为印度 1961—2000 年有关银行业政策的变革促进了贫困下降和产出增加，因为印度农村银行业促使农村生产活动和雇佣行为发生了变化。考伊斯特（Koester）对发展中国家农村金融体系研究后指出，由于处于经济转型阶段，这些国家尚未建立高效率的农村金融市场体系，农村金融体系的资金配置效率仍较低。

中国农村金融发展与经济增长之间的关系问题被国内学者多次提上研究领域，国内诸多学者认为农村金融界的发展能够最大限度地促进经济提升。

李刚采用的方法是运用柯布—道格拉斯生产函数进行模型构建和检验，得出的结论是：金融问题是农村经济建设中的重要组成部分。在建设农村经济的过程中，一定要加大对农村地区的资金投入和帮助。对于

农村金融不完善导致掣肘经济发展的问题也应当尽快解决，将金融体制的改革作为促进农村经济发展的纽带。

焦兵则分别对中国东部和西部的金融对经济增长的推动作用进行了实证研究，将中国东部农村经济发展的相关数据与中国西部的相对比，得出了具有重要意义的研究成果：东部农村地区的经济发展与金融发展是互相依存的关系，二者能够促进彼此的发展；西部农村由于自身的金融水平较低，难以适应市场的调节，金融改革不力，金融革新与经济提升仅限于单向转化。

李喜梅则运用线性分析的方法，选取不同区域内的农村经济发展案例，研究相关数据得出以下结论：农村金融体制的变化对农村经济发展具有一定的影响，但是这种影响的表现具有一定的差异。较为发达的地区利用提升金融机构的业务效率促进农村经济增长，单一的政府资本投入是"治标不治本"的行为。农民的经济意识较差，对于观念利率有较好的理解，但是对实际利率的理解程度较低。

季凯文、武鹏基于1978—2003年的中国农村统计数据研究发现，农村金融体系的深化改革能在一定程度上促进农村经济水平的提升，但是二者之间的关系并不明确。究其原因是我国农村的金融机制改革效率较低，对于经济的影响力并不具备明显的效应。

学者们从不同角度、不同层面研究和分析了有关影响农村金融支持农村经济的因素。总体而言，影响农村金融发展的因素主要有以下五个方面：农村经济基础、农村金融抑制、农村金融制度、金融二元结构、农村金融市场的供求关系。

## 第六章　农村金融发展的现状与分析

在现阶段，中国农村金融市场中的金融机构存在明显差异：一方面，政府主导的商业银行等具有高度的组织管理能力，在业务流程上具有明显的制度性和高效性，这是正规的金融机构；另一方面，一些规模较小的民间借贷机构游离于正规金融机构之外，不受法律法规以及业务办理的约束。根据上文的论述我们可以知道，在我国农村地区，大部分的信贷业务是农民与非正规的金融机构完成的，正规金融机构由于具有一定的局限性，正逐渐在农村的金融体系中丧失自身的主导地位，农村金融市场的分化现象十分严重。本章将在分析农村金融体系的形成和发展的基础上，逐步分析农村金融市场中存在的相关问题。

## 第一节　农村金融体系的形成与发展逻辑

我国农村金融市场中机制的形成与我国所推行的政治制度、经济制度以及政府的引导和政策是具有密切的关系的。逐步整合我国农村金融市场的发展脉络，展望我国农村金融市场的发展前景，分析我国农村金融市场中存在的问题，对于全面建设我国农村经济、缩小城乡差距、更快更好地建设小康社会具有重要的意义。

从中华人民共和国成立伊始，我国对于农村体制的改革就没有停止过，在近70年的农村经济建设中，中国农村金融体系经历了从宏观到微观，从单一到多元，从外生到内生，从国家功能到农村功能等多方面的转变和发展，最终形成了目前政策性金融、商业性金融与合作性金融并存，正规金融与非正规金融并存的多元化、多层次、广覆盖的农村金融体系。根据笔者对于相关文献的整合和归纳，我国农村金融体系的形成和发展可以划分为四个阶段。

## 一、农村金融组织机构的创建与反复阶段

1949 年，中华人民共和国成立之后，我国的经济一改往日自由散漫的发展态势，进行了一系列的改革和发展。但是当时我国的工业化发展与世界各国仍存在明显的差异，我国缺少建设工业的原始积累和资本，为了改善这一情况，政府建立了一套高度集中的计划经济体制。农村金融作为体制内部的一员，也必须服从体制内部的相关规定，不断动员农村居民储备资金，筹措资金，不断充实国家内部的原始积累。在这一阶段，我国创建了中国银行和农村信用社两大经济体系，代表国家的农村金融组织。但是二者在基层工作以及分支安排上产生了许多矛盾，农业合作银行三次建立后又三次被取消，农村信用社经过 1950—1953 年重点试办以及 1955—1957 年和 1963—1964 年的两轮整顿与建设，得到了初步发展。

1958 年 12 月，国务院颁布了《中共中央、国务院关于适应人民公社化的形势改进农村财政贸易管理体制的决定》，将国家在农村的财政、金融等部门的固定资产、流动资金以及业务管理权限全部转交给人民公社，并要求人民公社统一资金流向（仅限于工农业生产资金周转和商品流转方面）。这一举措彻底变革了农村信用合作社的组织管理模式，将单一体制的人民公社管理模式正式应用于农村经济中。但是人民公社的上台并有带来多少可观的成果，反而由于管理混乱，导致已经建立的经济模式被严重破坏。1955 年，国家通过了《关于加强农村人民公社信贷管理工作的决定》，回收已经分放给人民公社的资金以及银行经营权，将这一部分的资金以及权利转移到生产大队。在"大跃进"和人民公社化运动时期，农村生产大队在农村金融领域内的"五风"影响下逐渐游离在国家的监管监察之外，出现了信贷问题中宽松自由的现象，不利于

农村经济的发展。

为了解决这一社会问题，中共中央于 1962 年发布了《关于农村信用社若干问题的规定》，进一步明确了农村金融组织的两种所有制形式，即全民所有制的国家银行和集体所有制的农村信用合作社。农村信用社成为具有自主经营权利，并且自主承担经营风险的金融机构。但是农村信用社受国家基层政府的干预过多，经常出现政府干预信用社人事、资金的情况。为此，1963 年，中国人民银行联合相关部门发布《关于认真学习和坚决执行中共中央、国务院批转〈中国人民银行关于整顿信用社打击高利贷的报告〉的通知》，在全国范围内对于民间借贷问题进行排查和打击。① 随后在"文化大革命"时期，农村信用社的职能被搁置，业务办理处于瘫痪状态。

从我国农村经济发展的初级阶段情况来看，在高度集中的计划体制中发展农业的举措一大部分原因是在配合国家"以农补工"的政策，对于"三农"以及农村经济问题并没有切实可行的计划进行系统解决。在这一历史阶段中农村经济机构的代表——农村信用社，受基层政府管制与干预程度过大，受高度集中的计划经济影响较深，并且国家对于农村经济制定了一系列的约束规定，在农产品价格、农村存储利率、农村居民收入上进行了极大的限制，"以农补工"现象十分明显，农村金融机构实则是向城市不断输入资金的桥梁。

## 二、单一农村金融体系的形成与发展阶段

1976 年，我国结束了长达十年的"文革"运动，在经济领域重新制定革新发展的方向。1978 年，在农村地区实行家庭联产承包责任制，有效提升了农民的劳动生产积极性。农村经济一直是我国经济建设中比较薄弱的环节，因此在进行改革时应该受到更多重视。

我国农民在家庭联产承包责任制中找到了生产生活中的创新契机，短时间内农村涌现了大量的承包户、专业户、经济联合体等多种多样的

---

① 周立，周向阳. 中国农村金融体系的形成与发展逻辑 [J]. 经济学家，2009（8）：22-30.

经济组织，农业发展在这一阶段呈现多元化的趋势。农业生产的不断革新和完善，在一定程度上会影响金融结构以及金融需求，导致原有的金融发展水平与现在的经济发展水平不相适应。国家针对这一发展情况，设立了针对"三农"问题的特定服务机构，这一举措成为金融体制革新的重点之一。① 这次改革持续的时间较长，改革的内容也较为丰富，具体有以下几个方面。

第一，恢复了中国农业银行的运行。1979 年国务院颁发了《关于恢复中国农业银行的通知》，批准恢复中国农业银行，自上而下建立各级组织机构，并明确其"统一管理支农资金、集中办理农村信贷、管理农村信用社、发展农村金融事业"的主要职责与任务。农业银行在原有的业务基础上进行了自身业务的扩展，增加了信贷业务的覆盖面积，扩展到了与"三农"息息相关的领域。在农村经济改革的过程中发挥了重要的作用，推动了农村经济的振兴进程。

第二，恢复农村信用社的群众性、民主性、灵活性。1981 年 3 月，中国农业银行发布了《关于改革农村信用合作社体制搞活信用合作社工作的意见》，明确了从组织机构、资金来源与管理、业务范围、利率与分红等多个方面对农村信用社进行改革。1984 年 8 月，国务院批转《〈关于改革信用合作管理体制的报告〉的通知》，这一政策再一次确认了农村信用社是一个群众性的组织，具有民主性的管理流程，充满灵活性的经营理念。将农村信用社打造成一个对于农业项目和农民生活具有帮扶作用的基层金融组织。1990 年 10 月，中国人民银行印发《农村信用合作社管理暂行规定》的通知，进一步强调了农村信用社资金管理上"以存定贷、自主运用、比例管理"的基本原则。

第三，对于农村金融的多元化发展持支持态度。1987 年 1 月，中共中央在《关于把农村改革引向深入》的通知中指出：某些农村建立合作基金会、信贷机构用以适应当前发展的经济，满足不同群体的需求。这一举措对于集中乡镇闲散资金、增加农村资金流、缓解农村经济压力具有积极意义，应当给予这类机构适当的鼓励。1991 年 12 月，农业部

①　周立. 中国农村金融体系发展逻辑 [J]. 银行家，2005 (8)：36-41.

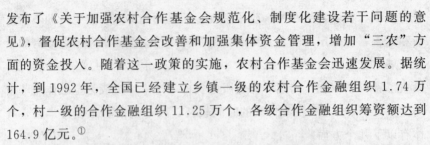

发布了《关于加强农村合作基金会规范化、制度化建设若干问题的意见》，督促农村合作基金会改善和加强集体资金管理，增加"三农"方面的资金投入。随着这一政策的实施，农村合作基金会迅速发展。据统计，到 1992 年，全国已经建立乡镇一级的农村合作金融组织 1.74 万个，村一级的合作金融组织 11.25 万个，各级合作金融组织筹资额达到 164.9 亿元。①

　　第四，降低对民间信贷机构的限制。随着农村金融机构的不断完善和发展，政府对民间借贷组织的限制程度也有所缓解。1981 年，国务院在《中国农业银行关于农村借贷问题的报告》中就已经在一定程度上肯定了民间借贷具有的积极意义，认为民间借贷补充了正规金融机构的业务缺失，缓解了农民对于资金的迫切需求，肯定了民间借贷的作用。民间借贷发展之初仅限于亲戚朋友之间的互帮互助，没有利息，本金借贷本金偿还。随着民间借贷的不断发展，产生了针对农村各个阶层的信贷业务，逐渐形成了商业化的经营模式，典当、高利贷、钱庄等相关的机构渐渐出现，民间信贷机构的运营至此已经脱离了初衷，对农村金融具有恶劣的影响，加剧了农村经济市场的风险。

　　此次改革后，我国的农村地区建立了较为完善的金融体系，中国农业银行以及农村信用社成为金融体系的主流。农业银行不断拓展自身的经营范围，在建设和解决"三农"问题上发挥了重要的作用。但同时，农业银行在运行的过程中不能很好地处理金融与行政之间的关系，在面对政策性问题与经济问题时没有较好的把控能力，对农村金融问题的解决往往流于表面，形式主义明显，导致中国农业银行与农村信用社之间的合作关系受到影响，建设步伐进展缓慢。② 在这一阶段的农村经济改革中，政府对经济的干预十分严重，经营和管理方面也没有形成科学的体系，合作制度多次出现问题。1988 年我国出现了全国范围内的通货膨胀，虽然中间得到了一定的稳定和缓解，但是农村非正规金融机构却如雨后春笋一般纷纷出现，农村金融市场又一次面临混乱，建立完善的

---

① 温铁军. 农村合作基金会的兴衰：1984—1999 [M]. 上海：三联书店.
② 周立，周向阳. 中国农村金融体系的形成与发展逻辑 [J]. 经济学家，2009（8）：22-30.

农村金融市场，成立具有经营能力和业务能力的金融机构，对于农村经济进行全面的整顿迫在眉睫。

## 三、"三位一体"农村金融体系的初步形成阶段

1993 年 11 月，中国共产党十四届三中全会通过了《中共中央关于建立社会主义市场经济体制若干重大问题的决定》，提出了实现金融机构政策性业务与商业性业务分离的设想，明确提出了要建立政策性银行、发展商业性银行、组建合作性银行。同年 12 月，《国务院关于农村金融体制改革的决定》进一步明确了清理和整顿农村合作基金会，组建中国农业发展银行和农村合作银行的政策措施，目的是逐步建立和完善以合作金融为基础，商业性、政策性金融分工合作的农村金融体系。1993—2002 年的农村金融改革也基本围绕这一目标进行，改革内容主要体现在如下四个方面。

（1）成立中国农业发展银行

1994 年 4 月，国务院发布了《关于组建中国农业发展银行的通知》，希望建立中国农业发展银行来专门承担从农业银行剥离出来的政策性金融业务，同时代替国家筹集农业政策性信贷资金，承担国家规定的农业政策性金融业务。1995 年，农业发展银行全面完成了各省级基层机构的组建。

（2）推进中国农业银行的商业化改革

中国农业银行在剥离了政策性金融业务之后，按照现代商业银行的运营机制，向国有商业银行转变。

（3）实行"行社分离"

1993 年，《国务院关于金融体制改革的决定》明确提出了要将农村信用社从中国农业银行中独立出来，向合作制发展。1994 年，农村信用社正式迈出了与中国农业银行脱离隶属关系的改革步伐；1997 年，中国人民银行发布了《农村信用合作社管理规定》，对脱离农业银行的农村信用社在组织管理、业务授权等方面进行了规范。2001 年 12 月，中国人民银行印发了关于《农村信用合作社农户联保贷款管理指导意见》的通知，要求各地区根据当地实际，逐步推广农户联保贷款业务，

并对农户联保的基本原则、操作方式等进行了规定。

（4）清理整顿农村合作基金会，打击非正规金融

1994年，农业部联合相关部门发布了《关于加强农村合作基金会管理的通知》，明确了农村合作基金会受农业部指导和管理，由地方农业行政部门主管，接受中国人民银行监督，各级监管部门有权对农村合作基金会的各类违规信贷行为进行处理。1998年7月，中国人民银行发布了《非法金融机构和非法金融业务活动取缔办法》，认定除部分小信贷、亲友之间的互助性借贷外，其他非正规金融组织均属于非法机构，其活动属于非法活动，要予以清理和整顿。1999年1月，国务院3号文件宣布对农村合作基金会进行全面清理整顿，统一取缔全国农村合作基金会。

（5）撤并国有专业银行的农村基层分支机构

1997年，中央金融工作会议决定收缩各国有商业银行县（及以下）分支机构。1999年前后，四大国有商业银行共撤并回收了县及以下基层分支机构3 100多家。

这一时期的农村金融体制改革与建设，初步建立起了为基层农户服务的合作性金融机构——农村信用社，为工商业服务的商业性金融机构——中国农业银行，为整体农业服务并实施国家政策的政策性金融机构——中国农业发展银行，形成了"三位一体"的农村金融体系。[①] 但是这一金融体系的运行收效甚微，现有的农村资金问题并没有得到明显的改善。

农村信用社和中国农业银行脱离关系之后，逐渐改善了自身的经营状况和资产质量。但是农村信用社的遗留问题较为严重，经营结构不科学、土地林地产权不确定、管理制度缺失、政府过度束缚等问题依旧困扰着农村地区的金融发展。中国农业银行在退出我国农村市场之后，逐步向商业化银行发展，追求更多的经营利润，因此，对农村经济的帮扶工作越来越少。我国的农业发展银行资金短缺、业务范围较为单一，经营范围除了国家粮食作物的收购之外难以拓展其他经济项目，政府的政

---

① 周立. 三次农村金融改革述评 [J]. 银行家，2006（3）：114-117.

策性支持并不理想。农村经济本身就难以维系自身的发展，外部融资情况更为严峻，再加上我国商业银行对农村的经济支持越来越少，农村经济的发展进入了进退维谷的境地。

相关数据表明，作为支农主力军的农村信用社农业贷存比在2001—2003 年间均不足 0.4；只存不贷的邮政储蓄每年从农村抽走的资金约为 6 000 亿元人民币；农村信贷资金净流出额从 1996 年的 1 912 亿元人民币增长到 2001 年的 4 780 亿元人民币。[①]

在农村现阶段的金融发展中，正规金融机构对农村农业的支持力量较小，农村以民间信贷组织为代表的非正规金融机构在政府的治理下依旧十分活跃。这一阶段金融体制的不断变化是由政府主导和支持的。

我国 2003 年之前的农村相关改革，均是政府主导的正规金融机构的革新。这些改革呈现出自上而下的具有强制力的特点，极大地限制了正规金融机构的创新精神与创新行为。[②] 农村中的正规金融体系在农村金融市场中处于绝对优势的地位，同时非正规的金融机构正面临着强有力的治理和打击，使得农村金融体制发生了失衡，导致金融市场盲目，农村地区经济短缺、资金外流。

## 四、"三位一体"农村金融体系的深化阶段

1993—2002 年的农村金融体制改革初步搭建起了一个"三位一体"的农村金融体系框架，但改革最终只剩下农村信用社在自身多重角色冲突和经营的风雨飘摇中独自支持"三农"的局面。

21 世纪初，"三农"问题在我国的整体建设中逐渐占据了主要位置，以农村金融体制改革为主的农村经济建设在"三农"问题中的地位也日益提升，农村信用社为唯一一家驻扎在农村基层的正规金融机构，因此理所当然地成为政府新一轮改革的主角。2003 年 1 月，国务院在《关于做好农业和农村工作的意见》中明确提出了要深化农村信用社体制改革。同年 7 月，国务院印发了《关于深化农村信用社改革试点方案

---

① 数据来自《中国金融年鉴 2003》。
② 匡家在.1978 年以来的农村金融体制改革：政策演变与路径分析 [J]. 中国经济史研究，2007（1）.

的通知》，要求按照"明晰产权、强化约束机制、增强服务能力、国家适当支持、地方政府负责"的目标在全国范围内推进农村信用社向社区性地方金融机构方向改革。这一时期对农村经济的改革取得了明显的社会效果，农村信用社长久以来的运转经营问题得到了解决，农村的资本积累达到了历史最高水平。

据统计，截至 2012 年年末，全国农村信用社经营网点扩展到 7.7 万个，占银行业总量的 36.9%；县域员工 63.2 万人，完成了 98.4% 的乡镇金融服务空白和 67.7% 的机构空白覆盖任务。在县域信贷资金的投放上，2013 年全国农村信用社涉农贷款余额达 62 万亿元，其中农村贷款余额 5.5 万亿元，农户贷款 3 万亿元，占银行业农户贷款总额的 66.7%，成为"三农"获得信贷支持的主渠道。自 2003 年以来，以"存量调整"向"增量培育"转变的农村金融改革也取得了突破性进展，培育增量的"新政"不断推出。

这些"新政"主要表现在以下几个方面。

（1）放宽农村金融市场准入政策

2003—2010 年，连续 8 个涉农中央一号文件都强调要放宽农村金融市场准入政策，鼓励和支持多种所有制形式的农村金融组织发展，培育小额信贷组织，推进农村金融服务与产品创新。2006 年银监会发布了《关于调整放宽农村地区银行业金融机构准入政策，更好支持社会主义新农村建设的若干意见》，明确提出了支持包括村镇银行、社区信用合作组织、只放贷不吸储的专业金融公司在内的三类新型农村金融机构发展。2007 年中国银监会印发了《农村资金互助社管理暂行规定》和《贷款公司管理暂行规定》，对村镇银行和贷款公司的性质、机构、组织、经营、管理等问题做了明确规定。这些政策推行以来，村镇银行、贷款公司、农村资金互助社等新型农村金融机构纷纷涌现。

银监会坚持贯彻落实国家城乡统筹和区域协调发展战略，督促村镇银行机构布局不断向中西部和欠发达县域倾斜，同时加快分支机构向乡镇延伸，提高农村金融服务覆盖率；坚持村镇银行股权民营化和股东本土化原则，鼓励包括民间资本在内的各类资本投资设立村镇银行；坚持市场定位监管，督促村镇银行坚守"立足当地、立足社区、立足基层、支农支小"的经营理念，持续增加农村地区金融供给；实施严格风险监管，坚决守住金融风险底线。在政策引导、严格监管和相关各方的积极支持配合下，村镇银行从无到有、从小到大，在服务县域经济过程中实现了稳健发展。

截至 2016 年年末，全国已组建村镇银行 1 519 家，中西部共组建村镇银行 980 家，占村镇银行总数的 64.5%。资产规模已突破万亿，达到 12 377 亿元；各项贷款余额 7 021 亿元，农户及小微企业贷款合计 6 526 亿元，占各项贷款余额的 93%，500 万元以下贷款占比 80%，户均贷款 41 万元，支农支小特色显著。主要监管指标符合监管要求，风险总体可控。引进民间资本 815 亿元，占资本总额的 72%，成为民间资本投资银行业的重要渠道之一。村镇银行整体发展质量良好，已成为扎根县域、支农支小的新生力量，在激活农村金融市场、健全农村金融体系、发展普惠金融和支持农村社会经济发展等方面发挥了重要作用。

（2）推进中国农业银行与中国农业发展银行改革创新

2007 年，金融工作会议决定推进中国农业银行进行股份制改革，以进一步强化其服务"三农"的定位和责任。同时把农业发展银行办成具有可持续发展能力的真正的农业政策性银行。2017 年 6 月，农业银行编制完成了《中国农业银行三农金融服务报告（2016）》（以下简称《报告》）。《报告》显示，截至 2016 年年底，农业银行涉农贷款余额 2.76 万亿元，比年初增加 2 172 亿元，同比多增 118 亿元，增速 8.57%，高于同期全行贷款增速 1.16 个百分点，实现了增量高于 2015 年同期、增速高于全行平均水平的"两个高于"目标。农业银行农户贷款余额达 9 438 亿元，其中农户小额贷款余额超过 900 亿元，惠及二百多万农户；全行共建设"金穗惠农通"工程服务点 63 万个，布放电子机具 101.2 万台，行政村覆盖率达到 75.1%。

《报告》指出，2016 年农业银行持续推进三农金融事业部改革，在完善三农金融事业部的组织架构、下沉经营管理和决策重心、强化激励约束机制等方面深化改革，进一步提升事业部对"三农"和县域业务的支持保障能力。

（3）成立邮政储蓄银行

长期以来，农村邮政储蓄的"只存不贷"无疑是造成农村资金外流的重要因素之一。2006年，银监会批准建立中国邮政储蓄银行，并积极支持其与农业发展银行、农村信用社合作，开办针对农户和农村小微企业的小额信贷业务。2006—2008年，邮储银行累积发放各类小额贷款超过600亿元，其中70%以上发放在农村地区；农村合作金融机构发放涉农贷款2.45万亿元，占全国涉农贷款总额的35.5%。

（4）推进农村商业银行上市

由农村信用社改革重组而来的农村商业银行经营实力和资产质量大幅提升，竞争力和可持续发展能力明显增强。并且农村商业银行一改此前大幅撤并农村分支机构的做法，重新开始了在农村地区布局设点的步伐。如中国农业银行在湖北和内蒙古发起成立了两家村镇银行；中国建设银行在湖南和深圳设立了两家村镇银行；汇丰、花旗等外资金融机构也在投资地设立了七家新型农村金融机构。2008—2010年，银监会多次发出鼓励支持条件成熟的农村商业银行上市的积极信号。期间，北京、上海、重庆等地的农村商业银行相继上市融资。这是农村合作金融机构在管理体制、产权制度等方面改革取得的实质性进展。

截至2014年年底，我国村镇银行贷款余额为4 862亿元，较上年同期增长1 234亿元，存款余额为5 808亿元，存款余额增加1 176亿元。2015年底我国村镇银行贷款余额为5 880亿元，存款余额为7 480亿元。

（5）推进农村金融产品和服务创新

一方面，通过创新农户小额贷款产品和方式，简化农户小额贷款程序，改善农户小额贷款的信用环境，形成了多种创新型小额贷款业务并日趋成熟。如农信社发放的农户小额信用贷款和农户联保贷款，农村村镇银行、小额信贷组织等新型金融机构发放的农户小额贷款，农村政策性金融机构发放的小额到户扶贫贷款，邮政储银行发放的存单小额质押贷款，等等。

另一方面，结合农村金融服务需求特点，积极创新"量体裁衣"式的金融产品，有效扩大抵押担保范围，开发形成了集体林权抵押贷款、

"信贷＋保险"产品、订单农业质押贷款、农村特殊群体就业创业小额担保贷款、涉农中小企业集合票据和直接债务融资工具等在全国范围内颇具影响力的农村金融创新产品和服务，大大提升了农村金融服务能力。

此外，还积极推进农业保险试点和发展。当前，农业保险覆盖面稳步扩大，由最初 5 个省（市、自治区）的试点区域扩展覆盖到了全国 31 个省（市、自治区）。农业保险风险保障能力在实现基本覆盖农、林、牧、渔各主要农业产业的同时，逐步从生产领域（如自然灾害、疫病风险等）向流通领域（如市场风险、农产品质量风险等）延伸。农业保险市场经营主体不断增加，农业保险公司已由试点初期的 6 家增至 25 家，农业保险经济补偿功能持续发挥。2016 年，农业保险保费收入为 417.71 亿元，同比增长 11.42％，占产险业务的比例为 4.79％，同比上升 0.1 个百分点，对稳定农业生产、促进农村减贫起到了积极作用。

自 2003 年起，我国农村开始逐步实现金融增量培育改革，农民群体的贷款需求获得了最大限度的满足，缓解了农村地区的融资问题，在一定程度上解决了农村地区的资金短缺现状。商业银行等正规的金融机构对于农业的帮扶工作不断完善，业务功能日渐加强。其中值得关注的是邮政储蓄银行由原来的贷款和存款不能并存转变成可以将贷款和存款两种业务并行，农村金融机构正在朝着更加适应市场发展的方向转变。

在这一阶段，具有明显特点的是政策性金融机构与商业性金融机构并存。中国农业发展银行是根据政府的政策性扶持建立的金融机构，中国农业银行、农村商业银行、邮政储蓄银行则是具有明显商业性质的金融机构，农村信用社将二者之间的政策和业务连接起来，共同促进金融体系的改革发展。另外，农村已经存在的部分小额贷款公司、民间借贷机构等等共同组成了农村经济体，如图 6-1 所示。对于农村地区的金融机构建设，政府曾三令五申要加大培育中小信贷组织，但是落实到基层政府，对于民间信贷组织的处理方式基本是放任自流，仍然将重点工作放在农村地区的扶贫工作中。

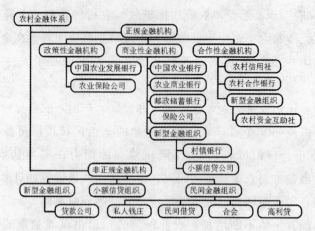

图 6-1　中国农村金融体系组织架构

# 第二节　农村金融需求分析

判断农村的金融制度、金融产品是否具有发展价值，关键看这一制度和理论是否能够与现阶段农村的发展形式和社会基础相适应。因此，不断分析农民金融需求、金融领域的发展前景，分析农村的金融特点、发展预期，对于促进我国的新农村建设具有重要的作用。

我国农村金融需求的受众群体主要是农民、农村企业、非企业性质的组织群体。以上三者在性质、规模、资金需求等不同方面都具有不同特点，因此在进行融资的过程中对于业务的要求是不同的，农村的经济需求也呈现多元化的发展趋势。

## 一、农户的资金需求分析

在我国农村资金需求量最大的群体就是农村中的生活群体——农民。农民在生产生活中，可以划分为三个类型，分别是贫困型、温饱型、市场型。贫困型农民的资金需求主要用于生活基本资金，生产生活资金短缺，资金需求迫切。但是由于这一类群体的日常生活中能够充当信贷抵押品的物品较少，在贷款过程中受到银行等金融机构的限制较多。选择民间借贷机构进行贷款，在金额上也难以满足生活所需。温饱型农民已经解决了生活中的资金需求，并且由于自身生活水平较高，借贷的信用程度较好，能够在规定时间内有效还款，因此银行等机构对于这种农民比较乐意提供贷款。针对温饱型的农民信贷需求，农村信用社能够满足他们的小型资金短缺问题。一旦资金需求量较大，抑或是资金并非用于农业生产，便要求助于农村的民间借贷机构。市场型农民的资金需求不局限于生活资金或者季节性的生产资金，市场型农民需求的是在农业方面的经营所需资金。市场型农民在进行商业活动的同时也将自身商业经营与农村的经济发展相结合，对于农村经济的振兴具有重要作用。但是市场型农民的经济需求较大，信贷抵押物品较少，在正规金融机构贷款的时候，金融机构为了降低经营风险，对这种信贷的业务办理会十分谨慎。有关调查显示，农村正规金融机构一般情况下平均仅能满足 20％左右的市场型农户的信贷需求。基于这一社会现实，市场型农民的信贷选择会更偏向民间的借贷机构。

表 6-1 给出了 2008—2017 年全国农户借贷资金的来源与用途情况。根据对表中的相关数据的分析来看，2008—2017 年每户农户年均累计借入资金为 1737.75 元，这些借贷资金主要来源于民间借贷，每户农户年均通过民间借贷获得的资金为 1 093.11 元，占农户年均借贷资金总额的 62.0％。民间借贷资金中又以无息借贷为主，每户农户年均通过无息借贷获得的资金为 684.10 元，无息借贷资金成分平均占农户民间借贷资金总额的 62.58％。

与此形成鲜明对照的是，每户农户年均通过银行、信用社获得的资金分别为 234.57 元和 373.65 元，分别占农户年均借入资金总额的 13.50％和 21.50％，两者累计起来仅为 35％。这与农村正规金融支农扶贫主力军的地位并不相匹配。从农户借入资金的用途来看，2008—2017 年每户农户年均生活性借款为 943.23 元，生产性借款为 820.92 元，生活性借款要多于生产性借款。每户农户年均生产性借款中，用于农林牧渔生产的借款为 222.18 元，仅占其生产性借款总额的 27.06％。表明农户生产性资金用途并非以农业生产为主。

表 6-1　2008—2017 年全国农户借贷资金来源与用途

单位：元/户

| 年份 | 借贷资金来源 | | | | 借贷资金用途 | | | | |
|---|---|---|---|---|---|---|---|---|---|
| | 年内累计借入款金额 | 银行贷款 | 信用社贷款 | 民间借贷 | 无息借款 | 其他 | 生活性借款 | 生产性借款 | 农林牧渔 |
| 2008 | 1 450.43 | 160.30 | 276.96 | 993.20 | 520.09 | 19.97 | 717.33 | 733.33 | 151.95 |
| 2009 | 1 447.78 | 151.60 | 277.49 | 1 026.79 | 499.46 | 21.90 | 913.92 | 564.45 | 135.69 |
| 2010 | 1 416.00 | 131.06 | 239.95 | 1 023.06 | 541.00 | 22.00 | 674.15 | 741.42 | 176.26 |
| 2011 | 1 709.93 | 267.26 | 294.89 | 1 130.84 | 694.36 | 16.94 | 860.64 | 849.29 | 211.36 |
| 2012 | 1 643.55 | 240.73 | 323.13 | 1 045.96 | 676.71 | 33.74 | 758.90 | 868.56 | 221.44 |
| 2013 | 1 716.50 | 252.00 | 362.20 | 1 060.20 | 688.30 | 42.10 | 866.00 | 848.10 | 283.00 |
| 2014 | 1 784.40 | 263.50 | 407.20 | 1 057.80 | 706.10 | 55.90 | 1 000.10 | 782.80 | 242.00 |
| 2015 | 1 669.30 | 195.90 | 447.90 | 970.70 | 790.40 | 54.80 | 999.20 | 819.60 | 261.80 |
| 2016 | 2 125.24 | 286.84 | 618.86 | 1 151.92 | 752.30 | 67.62 | 1 174.56 | 1 084.85 | 241.14 |
| 2017 | 2 384.32 | 396.47 | 487.90 | 1 470.66 | 972.29 | 29.28 | 1 467.51 | 916.81 | 297.17 |
| 平均 | 1 737.75 | 234.57 | 373.65 | 1 093.11 | 684.10 | 36.43 | 943.23 | 820.92 | 222.18 |

注：数据来源于《全国农村固定观察点调查数据汇编（2008—2017）》。

如图 6-2 所示，年均每户农户累计借入资金总额从 2000 年的 1 450.43 元增长到 2009 年的 2 384.32 元，年均增长 5.67%，整体上增长趋势明显，其中 2002—2003 年、2007—2009 年经历了一个明显的增长变化过程。年均每户农户银行、信用社贷款资金变化趋势整体上与年均每户农户累计借入资金总额的变化趋势保持相对一致。民间借贷资金在 2000—2007 年整体上保持平稳，大体保持在平均每户农户 1 000 元左右，自 2007 年开始，呈现加速增长趋势。年均每户农户其他渠道的借贷资金基本保持稳定，年均为 36.43 元。

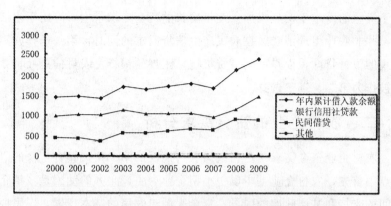

图 6-2 2000—2009 年农户借贷资金来源的年度变化趋势

从表中农民的信贷资金使用情况的变化来看，如图 6-3 所示，10 个样本年份中有 6 个样本年份农户年均生活性借款要高于生产性借款。每户农户年均生活性借款从 2000 年的 717.33 元增长到 2009 年的 93.22 元，年均增长 3.32％，整体上呈现上升趋势，特别是 2004 年开始至 2009 年，生活性借款增长速度明显增加。每户农户年均生产性借款整体上也呈现增长趋势，但是时间上的结构性变化特征明显：2001—2005 年间呈现稳步小幅增长趋势，2007—2008 年间呈现加速增长趋势，2008—2009 年间呈现快速下降趋势。每户农户年均生产性借款中用于农林牧渔生产的借款在时间上的变动态势整体上平稳，从 2000 年的 151.95 元稳步增长到 2009 年的 275.67 元，年均增长 7.73％

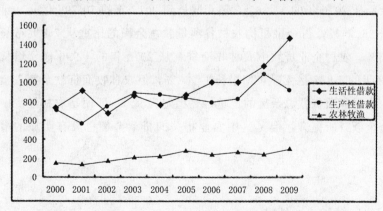

图 6-3 2000—2009 年农户借贷资金用途的年度变化趋势

根据图表中的内容我们可以看出，在 2000—2009 年之间我国农民对于资金的需求量明显增加。逐年增长的资金需求量主要应用于生活消费，并非农业生产消费。在农民产生信贷需求的同时，第一选择并不是正规的银行贷款，而是民间借贷机构，正规的银行、农村信用社贷款往往被作为第二、第三选择。

## 二、农村企业的资金需求分析

农村企业资金需求量占据我国农村地区的第二位，具有自身的诸多特点。首先，农村企业基本以中小型企业为主，兴办的动因是乡镇企业之间的支持和基层政府的引导，资金来源于农民的基本积累，农民根据当地的自然情况发展农业产品和农业经济，导致农业企业的竞争压力较大，市场结构较为严峻，经营风险较大。因此商业银行在面对这类企业的信贷业务时，保持着较为谨慎的态度。农村企业在本土借贷的资金量较少，在选择民间借贷组织进行贷款的时候，以上风险也会导致民间借贷公司产生犹豫心理。综上所述，不论民间借贷还是商业银行，对于风险较大的农村企业进行借贷的金额较少，借贷的积极性较低，因此，中小型企业的资金问题并未得到根本性的解决。

从表 6-2 可以看出，农村企业贷款余额从 2010 年的 65 581.2 亿元增长到 2012 年的 103 623 亿元，年均增长 25.7%，占金融机构农村各项贷款总余额的比重从 2.9% 增长到 15.40%。其中农村中小型企业贷款余额从 2010 年的 37 865.8 亿元增长到 2012 年的 70 799 亿元，年均增长 36.74%，占金融机构农村各项贷款总余额的比重从 7.4% 增长到 10.5%；农村企业贷款中农林牧渔贷款从 2010 年的 4 996 亿元增长到 2012 年的 5 887 亿元，年均增长 14.38%，但农林牧渔贷款余额占金融机构农村各项贷款总余额的比重始终稳定为 9%。即便是农村经济中的信贷金额有所提升，但是其中农业相关的贷款金额也没有明显的增幅变化。

表 6-2　2010—2012 年农村企业贷款情况

| 年份 | 农村企业贷款 | | 中小企业贷款 | | 农村企业农林牧渔贷款 | |
|---|---|---|---|---|---|---|
| | 余额 | 占各项贷款比重 | 余额 | 占各项贷款比重 | 余额 | 占各项贷款比重 |
| 2010 | 65 581.2 | 12.9% | 37 865.8 | 7.4% | 4 499.6 | 0.9% |
| 2011 | 85 093.0 | 14.6% | 55 345.0 | 9.5% | 5 178.0 | 0.9% |
| 2012 | 103 623.0 | 15.4% | 70 799.0 | 10.5% | 5 887.0 | 0.9% |

注：数据来源于《中国金融年鉴》。（单位：亿元）

　　从乡镇企业资金需求来看，我们以乡镇企业固定资产资金来源为例来分析其资金需求的大体状况。表 6-3 给出了我国乡镇企业 2001 年和 2011 年固定资产投资来源结构。从中可知，2001 年和 2011 年乡镇企业固定资产投资资金来源中，国家及有关部门扶持资金占比均维持在 1.7% 左右，波动不大；虽然金融机构贷款资金的绝对规模从 386.7 亿元增长到 8 522.8 亿元，增长了 21 倍，但是贷款的绝对规模呈现下降趋势，从 19.38% 下降到 15.01%；企业自有资金占比均在 64% 以上，并且还呈现进一步上升的趋势；其他资金占比均在 12% 以下，并且呈现小幅下降趋势。这表明我国乡镇企业固定资产投资资金来源主要以企业自有投入为主，金融机构贷款获得的资金不足企业自有资金投入的 1/3。而企业通过群众集资、民间借贷等其他途径获得的资金也仅次于从金融机构获得的贷款，并且远远大于政府及有关部门的扶持资金。由此可见，我国乡镇企业的资金需求还是很旺盛的，金融机构对乡镇企业的资金支持还有待加强。

表 6-3　2010—2012 年乡镇企业固定资产投资资金来源

| 年份 | 总量 | 国家及有关部门扶持资金 | 金融机构贷款 | 引进外资 | 自有资金 | 其他资金 |
|---|---|---|---|---|---|---|
| 2001 年 | 1 995 | 34.3 | 386.7 | 58.6 | 1277.3 | 238.1 |
| 占比 | 100% | 1.72% | 19.38% | 2.94% | 64.03% | 11.93% |
| 2011 年 | 56 784.5 | 951.5 | 8 522.8 | 3572.1 | 38 883.6 | 4 854.5 |
| 占比 | 100% | 1.68% | 15.01% | 6.29% | 68.47% | 8.55% |

注：数据来源于 2002 和 2012 年《中国乡镇企业和农产品加工年鉴》。（单位：亿元）

## 三、其他非企业组织的资金需求分析

农村非企业组织较多，一般是以保护农民的合法权益、提升农民的经济收入为目的建立的合作性组织；还有为了解决农民生活中的问题而建立的专业技术协会、农民服务组织等。以上的组织机构均是为农民日常生活服务的，意在服务农村居民，扩大基层政府的服务范围，完善基层政府的服务内容。这类组织出现资金短缺问题时均可以求助于基层政府，受益于政府的相关经济补助。

农村自发建立起的村民组织，其资金来源主要依靠社会各界的捐赠和支持，或者是通过银行信贷资金解决问题。由表 6-4 可知，相较于农户贷款和农村企业贷款，农村各类非企业组织从农村正规金融机构获得的贷款的比重要小得多。2010 年至 2012 年，农村各类非企业组织贷款余额从 6 415.6 亿元下降到 5 650.8 亿元，占金融机构农村各项贷款总余额的比重从 1.3％下降到 0.8％。其中，农林牧渔产业贷款余额从 2010 年的 903.7 亿元下降到 2012 年的 812 亿元，占金融机构农村各项贷款总余额的比重从 0.2％下降到 0.1％。

以上数据表明，农村各个基层组织在进行贷款的机构选择时，以正规经营机构为首选的情况有所转变，同时农村地区的民间借贷机构的业务量也在逐渐下降，呈现收缩和减弱的形势。

**表 6-4　2010—2012 年农村各类组织贷款情况**

| 年份 | 农村各类非企业组织贷款 | | 农林牧渔贷款 | |
|---|---|---|---|---|
| | 余额 | 占各项贷款比重 | 余额 | 占各项贷款比重 |
| 2010 | 6 415.6 | 1.3％ | 903.7 | 0.2％ |
| 2011 | 5 352.6 | 0.9％ | 805 | 0.1％ |
| 2012 | 5 650.8 | 0.8％ | 812 | 0.1％ |

注：数据来源于《中国金融年鉴》。（单位：亿元）

农村资金需求还包括农村基础设施建设的所用资金。对于农村基础设施的建设包含于新农村建设之中，其主要资金来源于政府的资金支持，即财政拨款；商业银行的政策支援，即政策融资；社会资金筹集，即社会募捐。一般用于粮食安全储备、农业基础设施建设、农业结构调整、农业科技、农业基本建设和技术改造等。基于农村地区财政支农资金长期不足的现实，政策性金融机构对农村和农业的支持就成为农村公共物品、准公共物品获得所需资金满足的必然选择。

从表6-5可以看出，2008—2012年间农村地区具有公共物品和准公共物品性质的农田基本建设、农业科技和农村基础设施建设三项所获得的信贷资金年均总和为 11 072.77 亿元，其中农田基本建设贷款、农业科技贷款和农村基础设施建设贷款分别为 970.502 亿元、245.414 亿元和 9 856.854 亿元。表明农村基础设施建设贷款占据主导地位，平均占三项贷款总和的 89.02%。从贷款的年度变化情况来看，三项贷款总额从 2008 年的 8 838.15 亿元增长到 2012 年的 12 667 亿元，年均增长 9.4%。其中农田基本建设贷款从 2008 年的 638.11 亿元增长到 2012 年的 1 176 亿元，年均增长 6.51%；农业科技贷款从 2008 年的 176.17 亿元增长到 2012 年的 255 亿元，年均增长 9.69%；农村基础设施建设贷款从 2008 年的 8 023.87 亿元增长到 2012 年的 11 236 亿元，年均增长 8.78%。农田基本建设贷款的增长速度大于农业科技贷款的增长速度，而农业科技贷款的增长速度又大于农村基础设施建设贷款的增长速度。从财政拨付资金来看，2008—2012 年间支持农业生产支出、四项补贴（粮食、农资、良种、农机具）支出、农村社会事业发展支出三项资金年均总和为 8 337.62 亿元，其中农业生产支出、四项补贴支出、农村社会事业发展支出分别为年均 3448.28 亿元、1 315.96 亿元和 3 573.38 亿元，分别占三项支出总额的 41.36%、15.78% 和 43.86%。由此可见，农业生产支出和农村社会发展支出占据财政支出的主要部分。

表 6-5　2008—2012 年农村提供公共物品的资金来源与用途

| 年份 | 金融机构贷款资金 | | | | 财政拨付资金 | | | |
|---|---|---|---|---|---|---|---|---|
| | 农田基本建设 | 农业科技 | 农村基础设施 | 三项合计 | 支持农业生产支出 | 粮食、农资、良种、农机具四项补贴 | 农村社会事业发展支出 | 三项合计 |
| 2008 | 638.11 | 176.17 | 8 023.87 | 8 838.15 | 2 260.1 | 1 030.4 | 2 072.8 | 5 363.3 |
| 2009 | 1 199 | 309 | 12 100 | 13 608 | 2 679.2 | 1 274.5 | 2 723.2 | 6 676.9 |
| 2010 | 881.2 | 276.7 | 7 924 | 9 081.9 | 2 427.3 | 1 225.9 | 3 350.3 | 8 003.5 |
| 2011 | 958.2 | 210.2 | 10 000.4 | 11 168.8 | 4 089.7 | 1 406 | 4 384.5 | 9 877.2 |
| 2012 | 1176 | 255 | 11 236 | 12 667 | 4 785.1 | 1 634 | 5 339.1 | 11 767.2 |
| 平均 | 970.502 | 245.414 | 9 856.854 | 11 072.77 | 3 448.28 | 1 315.96 | 3 573.38 | 8 837.62 |

注：数据根据《中国金融年鉴》和《中国计年鉴》整理得到。（单位：亿元）

从财政拨付资金的年度变化情况来看，2008—2012 年，支持农业生产支出的资金从 2 260.1 亿元增长到 4 785.1 亿元，年均长 20.63%；粮食、农资、良种、农机具四项补贴支出从 1 030.4 亿元增长到 1634 亿元，年均增长 12.37%；农村社会事业发展支出从 5 363.3 亿元增长到 11 767.2 亿元，年均增长 21.71%。农业生产支出和农村社会事业发展支出的增长速度远远大于四项补贴支出的增长速度。

# 第三节　农村金融供给分析

根据上文的论述我们可以看出，农民对于信贷的需求日益高涨，金融机构该如何将农民的生活需求转移成农村经济建设中的原动力是现阶段需要思考和解决问题的方向。本节内容笔者将从不同的农村金融机构出发，探究农村金融机构的发展与农民的金融需求之间的关系。

## 一、农村正规金融供给规模与结构

多项研究表明，中国农村的金融机构由于受影响因素过多，产生了资金供求失衡的现象，现有的农村地区的资金供给难以满足农民群体的需求，主要体现在如下方面。

首先，农村地区的正规金融机构资金供给量较少。

就农业贷款来看（见表6-6），1980—2012年，中国农业贷款尽管绝对规模从175.9亿元增长到27 216亿元，增长了153.4倍，但是相对水平却呈现下降趋势，农业贷款占总贷款的比重从7.3％下降到5.7％。同时，尽管中国农林牧渔产业总产值占GDP的比重由1980年的42.3％下降到了2012年的17.2％，但农业贷款占各项贷款总额的比重始终在7.70％以下，33年里农业贷款占各项总贷款的平均比重仅为农林牧渔总产值占GDP平均比重的18.3％。

就农业贷款增势来看，1980—2012年，中国新增农业贷款占同期新增贷款总量的比重除1984年、1997年和2005年以外，其余年份均在10％以下徘徊。而农业增加值占GDP的份额始终在10％以上。1997年，新增农业贷款占同期新增贷款总量的份额最高，但是也只有11.7％，仍低于当年农业增加值占GDP18.3％的份额。平均来看，历年新增农业贷款占同期新增贷款总量的比重为5.5％，要比农业增加值占GDP19.7％的平均比重低了14.2个百分点。表明中国正规金融部门对农业的信贷支持与农业的贡献值并不匹配。

就农业保险来看，2007—2012年，中国农业保险保费收入从51.8亿元增长到240.1亿元，农业增加值从28 627亿元增长到52 373.6亿元。尽管农业保险保费收入占农业增加值的比重从0.18％增长到0.46％，但是仍远远低于世界平均水平。

表6-6  1980—2012年中国农业信贷与农林牧渔总产值

| 年份 | 农业贷款余额 | 全国各类贷款余额 | 农业贷款占比 | 新增农贷占新增总贷款比重 | 农林牧渔总产值 | 农林牧渔增加值 | GDP | 总产值占比 | 增加值占比 |
|---|---|---|---|---|---|---|---|---|---|
| 1980 | 175.9 | 2 414.3 | 7.3 | 10.5 | 1 922.6 | 1 371.6 | 4 545.6 | 42.3 | 30.2 |
| 1981 | 189.7 | 2 860.2 | 6.6 | 3.0 | 2 180.6 | 1 545.6 | 4 891.6 | 44.6 | 31.6 |
| 1982 | 212.5 | 3 189.6 | 6.7 | 6.9 | 2 486.3 | 1 761.6 | 5 323.4 | 46.6 | 33.1 |
| 1983 | 231.2 | 3 589.6 | 6.4 | 4.7 | 2 750.0 | 1 960.8 | 5 942.7 | 46.1 | 32.9 |
| 1984 | 360.1 | 4 766.1 | 7.6 | 11.0 | 3 214.1 | 2 295.5 | 7 208.1 | 44.6 | 31.8 |
| 1985 | 416.6 | 5 905.6 | 7.1 | 5.0 | 2 619.5 | 2 564.4 | 9 016.0 | 40.1 | 28.4 |
| 1986 | 570.4 | 7 590.8 | 7.5 | 9.1 | 1 013.0 | 2 763.9 | 10 275.2 | 39.1 | 26.9 |
| 1987 | 685.8 | 9 032.8 | 7.6 | 8.0 | 4 675.7 | 3 204.3 | 12 058.6 | 38.8 | 26.6 |
| 1988 | 814.2 | 10 551.3 | 7.7 | 8.5 | 5 865.3 | 3 861.0 | 15 042.8 | 39.0 | 25.7 |
| 1989 | 895.1 | 14 360.1 | 6.2 | 2.1 | 6 534.7 | 4 228.0 | 16 992.3 | 38.5 | 24.9 |
| 1990 | 1 038.1 | 17 680.7 | 5.9 | 4.3 | 7 662.1 | 5 026.0 | 18 667.8 | 41.0 | 27.1 |
| 1991 | 1 209.5 | 21 337.8 | 5.7 | 4.7 | 8 157.0 | 5 342.2 | 21 781.5 | 37.4 | 24.5 |
| 1992 | 1 448.7 | 26 322.6 | 5.5 | 4.8 | 9 084.7 | 5 866.6 | 26 923.5 | 33.7 | 21.8 |
| 1993 | 1 720.2 | 32 943.1 | 5.2 | 4.1 | 10 995.5 | 6 953.8 | 35 333.9 | 31.1 | 19.7 |
| 1994 | 1 554.1 | 40 810.1 | 3.8 | -2.1 | 15 750.5 | 9 572.7 | 48 197.9 | 32.7 | 19.9 |
| 1995 | 1 921.6 | 50 538 | 3.8 | 3.8 | 20 340.9 | 12 135.8 | 60 793.7 | 33.5 | 20.0 |
| 1996 | 1 919.1 | 61 152.8 | 3.1 | 0.0 | 22 353.7 | 14 015.4 | 71 176.6 | 31.4 | 19.7 |
| 1997 | 3 514.6 | 74 914.1 | 4.7 | 11.6 | 23 788.4 | 14 441.9 | 78 973.0 | 30.1 | 18.3 |
| 1998 | 4 444.2 | 86 524.1 | 5.1 | 8.0 | 24 541.9 | 14 817.6 | 84 402.3 | 29.1 | 17.6 |
| 1999 | 1 792.4 | 93 734.3 | 5.1 | 4.8 | 24 519.1 | 14 770.0 | 89 677.1 | 27.3 | 16.5 |
| 2000 | 4 888.9 | 99 371.9 | 4.9 | 1.7 | 2 491.8 | 14 944.7 | 99 214.6 | 25.1 | 15.1 |
| 2001 | 5 711.5 | 112 314.7 | 5.1 | 6.4 | 26 179.6 | 15 781.3 | 109 655.2 | 23.9 | 14.4 |
| 2002 | 6 884.6 | 131 293.9 | 5.2 | 6.2 | 27 390.8 | 16 537.0 | 120 332.7 | 22.8 | 13.7 |
| 2003 | 8 411.4 | 158 996.2 | 5.3 | 5.5 | 29 681.8 | 17 381.7 | 135 822.7 | 21.9 | 12.8 |

续 表

| 年份 | 农业贷款余额 | 全国各类贷款余额 | 农业贷款占比 | 新增农贷占新增总贷款比重 | 农林牧渔总产值 | 农林牧渔增加值 | GDP | 总产值占比 | 增加值占比 |
|---|---|---|---|---|---|---|---|---|---|
| 2004 | 9 843.1 | 178 197.8 | 5.5 | 7.5 | 36 239.0 | 21 412.7 | 159 878.3 | 22.7 | 13.4 |
| 2005 | 11 529.9 | 194 690.4 | 5.9 | 10.2 | 39 450.9 | 22 420.0 | 184 937.4 | 21.3 | 12.1 |
| 2006 | 13 208.2 | 225 347.2 | 5.9 | 5.5 | 40 810.8 | 24 040.0 | 216 314.4 | 18.9 | 11.1 |
| 2007 | 15 429 | 261 691 | 5.9 | 6.1 | 48 893.0 | 28 627.0 | 265 810.3 | 18.4 | 10.8 |
| 2008 | 17 628.8 | 303 467.7 | 5.8 | 5.3 | 5 802.2 | 33 702.2 | 314 045.4 | 18.5 | 10.7 |
| 2009 | 21 622.5 | 399 684.8 | 5.4 | 4.2 | 60 361.0 | 35 225.9 | 340 902.8 | 17.7 | 10.3 |
| 2010 | 23 043.7 | 452 282.5 | 4 | 2.7 | 69 379.8 | 40 533.6 | 401 512.8 | 17.3 | 10.1 |
| 2011 | 24 436 | 556 723.7 | 4.4 | 1.3 | 81 303.9 | 47 486.1 | 473 104.1 | 17.2 | 10.0 |
| 2012 | 27 216 | 601 454.9 | 4.5 | 6.2 | 89 453.1 | 52 373.6 | 519 470.1 | 17.2 | 10.1 |
| 平均 | 6 605.1 | 128 658.6 | 5.7 | 5.5 | 25 347.4 | 15 121.2 | 120 249.8 | 30.6 | 19.7 |

注：信贷数据来自相关年份《中国金融年鉴》，依据金融机构人民币信贷收支情况计算整理；农林牧渔相关产值数据来源于《中国农村统计年鉴》。（单位：亿元，%）

其次，农村现有资金外流情况严峻。据《中国金融年鉴》的数据统计，2008—2012年中国农村商业银行存款、贷款余额分别由6 616.58亿元和4 075.59亿元增长到49 516.02亿元、32 195.64亿元，但贷存比仅仅上升了3.42个百分点，即由61.6%上升到65.02%。这5年里，农村商业银行年均存款余额比贷款余额多8 943.83亿元，累计资金流出就达44 416亿元，远远高于1995—2005年年均约3 000亿的存贷差额。

就农村信用社资金外流情况来看（见表6-7），1980—2012年，农村信用社存款、贷款余额分别由265.1亿元和81.6亿元增加到59 724.84亿元和38 370.09亿元，年均增长率分别为18.45%、2.2%，但是贷存比在33年里累计仅增长了6.5个百分点，年均增长率仅为0.28%。1980—2012年农村信用社存款余额比贷款余额年均多5 102.46亿元，且流出资金额度呈逐年增长态势。邮政储蓄银行的相关支行在农村金融界占据了绝大多数金融业务，但是邮政储蓄银行的业务多是资金的存储，而并非借贷。为解决业务内容中的弊端，近年来邮政储蓄银行向农村地区发放了少数的小额贷款，但是收效甚微，邮政储蓄银行的存款作用始终大于其贷款效能，在回收贷款资金方面经验不足。

据统计，2012 年中国邮政储蓄银行全部涉农贷款余额不到 0.19 万亿元，而农村地区的储蓄存款余额就超过 2.65 万亿元，贷存比仅为 0.07，邮政储蓄银行仅 2012 年带来的农村资金外流至少在 2.46 万亿元以上。同时，2007—2012 年，全部金融机构涉农贷款余额从 6.12 万亿元增长到 14.5 万亿元，年均增长速度达到了 24.4%，而同期农村商业银行、农村信用社、中国邮政储蓄银行三类机构在农村地区吸收的储蓄存款总余额就从 9.11 万亿增长到 29.17 万亿元，同期农村资金外流也至少在 30 万亿元和 14.7 万亿元以上。[①] 由此可见，中国农村的资金流走向存在明显的失衡现象，农村资金供给量不足，资金外流情况严重，各个正规金融机构不断吸收农村存款，但是没有将农村资金用于农村，反而将资金不断投向城市，造成了农村资金的供给不足，加剧了农村经济发展的羸弱现象。表 6-7 所示为 1980—2012 年农村信用社存贷款情况。

表 6-7　1980—2012 年农村信用社存贷款情况

| 年份 | 存款 | 贷款 | 存贷差 | 存贷比 | 年份 | 存款 | 贷款 | 存贷差 | 存贷比 |
|---|---|---|---|---|---|---|---|---|---|
| 1980 | 265.1 | 81.6 | 183.5 | 0.308 | 1997 | 10 555.8 | 7 273.2 | 3 282.6 | 0.689 |
| 1981 | 318.6 | 96.4 | 22.2 | 0.303 | 1998 | 12 191.5 | 8 340.2 | 3 851.3 | 0.684 |
| 1982 | 388.7 | 121.2 | 267.5 | 0.312 | 1999 | 13 358.1 | 9 225.6 | 4 132.5 | 0.691 |
| 1983 | 486.1 | 163.1 | 323 | 0.336 | 2000 | 15 129.4 | 10 489.3 | 4 640.0 | 0.693 |
| 1984 | 623.9 | 354.5 | 269.4 | 0.568 | 2001 | 17 272.7 | 12 744.3 | 4 528.4 | 0.738 |
| 1985 | 724.9 | 400 | 324.9 | 0.552 | 2002 | 19 674.1 | 14 674.2 | 4 999.9 | 0.746 |
| 1986 | 962.3 | 568.5 | 393.8 | 0.591 | 2003 | 23 765.3 | 17 759.7 | 6 005.6 | 0.747 |
| 1987 | 1 225.2 | 771.4 | 453.8 | 0.630 | 2004 | 27 348.4 | 19 748.3 | 7 600.1 | 0.722 |
| 1988 | 1 399.8 | 908.6 | 191.2 | 0.649 | 2005 | 27 698.1 | 18 551.9 | 9 146.2 | 0.670 |

① 根据相关年份《中国金融年鉴》整理得到。

续　表

| 年份 | 存款 | 贷款 | 存贷差 | 存贷比 | 年份 | 存款 | 贷款 | 存贷差 | 存贷比 |
|---|---|---|---|---|---|---|---|---|---|
| 1989 | 1 663.4 | 1 094.9 | 568.5 | 0.658 | 2006 | 30 426.8 | 20 458.3 | 9 968.5 | 0.672 |
| 1990 | 2 144.9 | 1 413 | 731.9 | 0.659 | 2007 | 3 516.97 | 24 121.6 | 11 045.4 | 0.686 |
| 1991 | 2 707.5 | 1 808.6 | 898.9 | 0.668 | 2008 | 41 529 | 27 449.01 | 14 079.99 | 0.661 |
| 1992 | 3 478.5 | 2 453.9 | 1 024.6 | 0.705 | 2009 | 47 306.73 | 32 156.31 | 15 150.42 | 0.680 |
| 1993 | 4 297.3 | 3 143.9 | 1 153.4 | 0.732 | 2010 | 50 409.95 | 33 972.91 | 16 437.06 | 0.674 |
| 1994 | 5 669.7 | 4 168.6 | 1 501.1 | 0.735 | 2011 | 55 698.92 | 36 715.91 | 18 983.01 | 0.659 |
| 1995 | 7 172.9 | 5 234.2 | 1 983.7 | 0.730 | 2012 | 59 724.84 | 38 370.09 | 21 354.75 | 0.642 |
| 1996 | 8 793.6 | 6 364.7 | 2 428.9 | 0.724 | 合计 | 479 169.1 | 361 197.9 | 168 381.1 | 0.754 |

注：数据来源于相关年份《中国金融年鉴》。（数据单位：亿元，%）

农村金融机构在资金方面的问题不仅有供给失调，还有经济结构的不科学。主要表现在以下几个方面：

第一，农村贫困农民的资金获取渠道较少，尤其是农村小型企业的资金流几近断流。2012年中国农村地区贷款余额为14.55万亿元，其中农村企业贷款10.36万亿元，农户贷款3.62万亿元，农户贷款仅占农村地区贷款总量的24.9%。[①] 2012年新增的农户贷款余额为5 000亿元，仅占同期各项贷款新增总额的5.5%。

从农户贷款的结构来看，2012年农户生产经营性贷款余额为3.0万亿元，占农户各项总贷款余额的4.4%，同期新增0.37万亿元，占同期农户各项贷款新增总额的4.1%。农户消费性贷款余额为0.66万亿元，占农户各项总贷款余额的1.0%，同期新增0.13万亿元，占同期各项贷款新增总额的1.4%。信贷供给结构中的农户消费性贷款相对匮乏。

从贷款期限结构与行业贷款分布来看，以最贴近"三农"的村镇银行为例，2012年末全国村镇银行年末贷款余额0.23万亿元，其中短期贷款余额0.20万亿元，占同期村镇银行全部贷款余额的84.8%。且村

---

① 本节统计数据根据相关年份《中国金融年鉴》和《中国农村金融服务报告》整理得到。

镇银行单位承贷主要分布在制造业（470 亿元，占比 21.3%）、批发和零售业（210 亿元，占比 9.5%）、农林牧渔业（177 亿元，占比 8.0%）。三类行业贷款合计占村镇银行全部单位贷款余额的 77%。

第二，正规金融资源分布不平衡凸显。自 2008 年初开始，金融主管部门多次强调禁止县域金融机构自行撤并县域金融网点，但根据银监会的统计，截至 2012 年年末，中国县域银行业金融机构服务网点收缩至 7.6 万个，远远少于 2004 年的 13.4 万个、2006 年的 12.4 万个和 2009 年的 12.2 万个。金融网点分布不平衡，截至 2012 年 9 月，全国仍有 1 259 个"零金融机构"乡镇，其中 80% 的"零金融机构"乡镇聚集在西部贫瘠地区。以近年来政府大力扶持的新型农村金融机构——村镇银行为例，2012 年中国共有村镇银行 765 家，其中 50% 以上聚集在辽宁、山东、内蒙古、江苏、浙江、河南、安徽、四川地区，上述 8 个省域的村镇银行贷款增量占据全国村镇银行贷款总增量的 60% 以上。

第三，农村地区正规金融服务重资金归集而轻资金发放的特征比较显著。主要表现为：存款覆盖面相对较广，提供存款、汇兑、结算的金融机构与金融服务相对较多。截至目前，中国农村地区正规金融机构所提供的存款、汇兑、结算等金融服务基本上覆盖了 90% 以上的行政村，机构覆盖面远远高于全球 30%～40% 的平均水平。与这种情况相对应的是农村的信贷覆盖面积较小，办理信贷的机构少之又少，加之复杂的审核流程，农民往往很难获取生活所需的资金。农村地区的保险结构又相对单一，主要是针对农民的人身保障，应对生产生活中面临的经营风险保障措施还不完善。

根据以上的分析我们可以得出结论，中国农村金融体系的失衡、资金供给的不协调、金融机构的业务缺失，是导致我国农村的经济建设几度陷入困窘的重要原因，农村经济的振兴无从下手。如果不能解决这些问题，农村经济的振兴就无从下手，农村居民现阶段的生活水平也难以改善。因此，不断完善现阶段的发展方式和发展方向具有重要意义。

## 二、农村非正规金融供给规模与结构

从 1978 年开始，我国的经济体制就进行了一系列的改革，随之产生了例如友情借贷、关联性借贷、合会、农村合作基金会、非营利性小额信贷组织、地下钱庄、高利贷等多种形式的非正规的金融机构和金融活动。这些非正规金融机构不断发展，大有抢占正规金融机构的借贷业务的趋势，逐渐成了农村信贷的主流机构。

　　根据国际农业发展基金的相关研究数据可知，中国农民在选择信用贷款时，对于民间非正规金融机构的倾向较大，因为非正规金融渠道获取的贷款资金较正规渠道获取的贷款资金要多很多，所获取的贷款金额大约是通过正规金融渠道获取贷款金额的四倍。根据学者郭沛的估算，1997—2002 年中国农村窄口径的非正规金融规模大约在 1 800～2 750 亿元之间，占正规金融机构农村贷款总额的 14.6% 以上；宽口径的非正规金融规模在 0.22～0.28 万亿元间，占正规金融机构农村贷款总额的 20.0% 以上。①

　　对于农村非正规性金融机构这一社会问题的研究，各方学者提出了具有一致性的结论。

　　首先，林毅夫、徐笑波、温铁军、汪三贵、黄祖辉、潘朝顺等大部分学者研究认为，通过农村民间非正规金融机构申请贷款主要用于生活性消费。②

　　其次，农村非正规的信贷机构发展存在区域差异。一个地区的经济发展程度与非正规金融机构的活跃程度成反比关系。但是中国的实际情况与这一理论有一定出入，东部沿海地区是我国经济发展速度较快的地区，中西部地区则生活水平较差，经济发展较迟缓。但是东部地区的非正规金融机构发展的积极性远超中西部地区。

　　根据 2013 年《中国金融年鉴》的统计：2012 年中国小额信贷公司总数为 6 080 家，从业人员 7.03 万人。6 080 家小额信贷公司的分布以经济比较发达地区为主，其中江苏（495 家，占比 8.0%）、安徽（454 家，占比7.5%）、内蒙古（452 家，占比 7.4%）、辽宁（434 家，占比7.1%）、河北（325 家，占比 5.4%）、云南（276 家，占比 4.5%）、吉

---

　　① 郭沛. 中国农村非正规金融规模估算 [J]. 中国农村观察，2004（2）.
　　② 潘朝顺. 农村信贷需求与非正规金融供给的耦合——广东的实证 [J]. 农业经济问题，2009（9）.

林（265 家，占比 4.4%）、山东（257 家，占比 4.2%）8 个省域占据了全国小额信贷机构总量的 48.5% 以上。而经济相对落后的西藏、青海、海南、宁夏分别只有 1 家、19 家、21 家和 90 家小额信贷公司，这 4 个省域小额信贷公司贷款余额占全国小额信贷公司总贷款余额的比重不足 2%。2012 年全国小额信贷公司 5.6% 以上的贷款增量均集中在经济相对发达的江苏、浙江、内蒙古、山东、安徽、辽宁等地。

## 第四节　新型农业经营主体发展的金融支持研究

改革开放后，我国的乡镇企业得到了快速的建设和发展机遇，资金流的不断扩大是推动乡镇企业发展的因素之一，而资金流的减少或不足则限制了乡镇企业的经营。所以，研究农村企业的资金流来源以及融资方式，对于解决现阶段农村经济发展缓慢、农村企业建设不力等问题具有重要作用。

根据融资来源的不同可以将融资划分为内部融资和外部融资两个方面。企业的内部融资指的是自身经营管理中获得的资本原始积累，以及向企业内部员工发放的企业股份、内部债券、员工自发性集资等。企业的外部融资指的是企业通过信贷向银行贷款或者是金融机构贷款得来的资金。同时外部融资也具有不同的针对方向，针对融资中介的存在与否划分为直接融资和间接融资。企业融资中采用不同的方式进行资金的积累，而不同方式的差异就构成了企业不同的融资结构。融资结构是否科学合理能够在一定程度上体现企业的发展水平和经济实力，也从侧面体现了某一区域的信贷结构和风险预期。

根据学者姜长云的研究，20 世纪 90 年代初期以前，我国乡镇企业的资金来源和融资结构主要呈现如下特征：

（1）乡镇企业创办、投资和营运的基础主要不是自有资金，而是对多种多样的信用关系的充分利用；负债是乡镇企业融资和扩大总资产的主要途径，高比例的负债经营是乡镇企业资产结构的基本特征。

（2）在乡镇企业融资中，内源融资（如企业积累基金）和各种直接融资的相对地位仍然比较低，乡镇企业融资主要呈现出以外源融资和间接融资为主的特征。

（3）乡镇企业的融资和资金增长对于银行、信用社贷款具有较强的依赖性，商业信用、政府信用和企业内信用对于乡镇企业融资也有一定的重要作用。

（4）企业的负债倾向较集中地指向政府信用和银行信用，乡镇企业利用信用的愿望和顺序是：政府信用→银行信用→企业间信用→民间信用。

除去应付款等短期往来资金外，乡村基金和银行贷款是乡镇企业最主要的稳定资金来源，区域之间的资金流动规模不大，不同类型的企业对信贷资金的依赖程度差异显著。[①] 这一时期乡镇企业的资金来源和融资结构呈现上述特征的主要原因有以下几个方面：

（1）政企不分的制度环境。一方面，乡镇企业特别是乡村集体企业不同程度地受到了来自政府特别是乡村政府的保护，这种保护必然导致乡镇企业的预算约束软化，放大乡镇企业发展对信贷资金的需求。另一方面，银行商业化改革滞后导致的银行预算软约束、政府对银行信用社信贷投放的干预和影响，以及"区域平衡、以存定贷"的信贷原则的执行，又极易软化银行、信用社对乡镇企业信贷供给和"借债还钱"的约束。在这两方面因素的综合作用下，乡镇企业必然面临明显的信贷软约束，进而必然导致企业信贷的超常扩张和企业高比例负债经营的局面。

（2）乡村集体企业作为乡镇企业的主体，由于企业产权结构和社区—政府—企业之间的复杂联系以及与此相关的乡镇企业发展的社区政府推动模式，乡镇企业的投资行为往往表现出强烈的外延式扩张冲动，并且这种扩张冲动还要高于以扩张冲动闻名的国有企业，因此必然会加剧乡镇企业对资金的需求。面对这种庞大的需求，一方面，乡镇企业由于总体发展水平相对不高，有的还处于原始积累阶段，自身积累能力有

① 姜长云. 乡镇企业资金来源与融资结构的动态变化：分析与思考 [J]. 经济研究，2000（2）.

限，内源融资难以满足需要；另一方面，由于资本市场发展不足、直接融资的渠道和能力有限，乡镇企业高比例负债经营、严重依赖银行和信用社就在所难免。

（3）20世纪90年代初期以前，总体来说乡镇企业面对的是一个经济迅速发展、蓬勃向上的发展环境。国际经验表明，在这样的发展环境中，企业保持较高的负债有一定的合理性。乡镇企业在支付与偿债的双重压力下，不断产生进一步扩大负债的内在要求，这个特征可以用农村工业化冲动强烈、资金相对稀缺的经济环境来解释。

（4）政府信用对于乡镇企业其他信用的形成起到了一定的引导作用。在其他条件基本相同的情况下，乡镇企业能得到政府信用意味着信誉好，与政府或政府组成人员的关系比较密切，信用的偿还相对具有保障，因而其他信用的提供者也愿意提供相应的信用。

（5）区域之间资金流动对乡镇企业高比例负债的形成和信用扩张也起到了推波助澜的作用。[①]

1979年以来，我国推行区域性、渐进式的改革。我国乡镇企业则面临原有的经营模式与改革后的经营模式之间的冲击与对抗。前面我们以乡镇企业固定资产投资资金结构来源为例，初步分析了当前我国乡镇企业资金需求状况。根据第三节（农村金融供给分析）的分析可知，我国乡镇企业固定资产投资资金主要以企业自有资金投入为主，金融机构贷款获得的资金不足企业自有资金投入的1/3，不足企业固定资产投资总资金需求的20%，企业通过群众集资、民间借贷等其他途径获得的资金也仅次于从金融机构获得的贷款，并且远远大于政府及有关部门的扶持资金。由此可见，我国金融机构对乡镇企业的资金支持无法满足乡镇企业的融资需求，还有待加强。接下来我们分别从国家及有关部门对乡镇企业的扶持资金情况、金融机构对乡镇企业的贷款情况、乡镇企业股票与债券融资状况以及乡镇企业自筹资金情况四个方面全面分析21世纪以来我国乡镇企业的资金来源与结构。

---

① 姜长云. 乡镇企业资金来源与融资结构的动态变化：分析与思考 [J]. 经济研究，2000（2）.

## 一、国家及有关部门扶持资金

为了更好地推动我国乡镇企业发展，国家及有关部门对乡镇企业发展予以了一定的资金扶持，但是扶持力度极为有限。表 6-8 给出了国家及有关部门对我国乡镇企业的资金扶持占比情况。由表 6-8 可知，1999—2012 年间，国家及有关部门扶持资金占我国乡镇企业融资资金总量的比例非常小，年度平均比例为 1.10%，大部分年份这一比例基本维持在 1%～1.5% 之间，最大占比也只有 1.66%（2012 年）。分区域来看，东部、中部、西部地区国家及有关部门扶持资金占其乡镇企业融资资金的平均比例分别为 0.85%、1.78%、1.71%，表明东部地区国家及有关部门扶持资金占乡镇企业总融资的份额最小，其次是西部地区，中部地区占比最大。从国家及有关部门扶持资金的变动态势来看，我国东、中、西部地区国家及有关部门扶持资金占乡镇企业总融资的份额大体上经历了一个先下降再上升的过程。其中，西部地区国家及有关部门扶持资金占乡镇企业总融资的份额年度波动趋势很大，中部地区次之，东部地区最小。全国总体国家及有关部门扶持资金占乡镇企业总融资的份额年度变化趋势与东部地区的变化趋势基本相似。这些情况主要是由我国乡镇企业发展的地区不均衡引起的。我国不同地区乡镇企业获得的国家及有关部门扶持资金存在很大差异。

表 6-8　国家及有关部门对乡镇企业资金扶持占比情况

| 年份 | 全国 | 东部 | 中部 | 西部 |
|---|---|---|---|---|
| 1999 | 1.42% | 1.22% | 1.96% | 1.83% |
| 2000 | 1.36% | 1.13% | 1.89% | 1.69% |
| 2001 | 0.84% | 0.51% | 1.67% | 2.20% |
| 2002 | 0.59% | 0.39% | 1.20% | 1.29% |
| 2003 | 0.60% | 0.40% | 1.23% | 0.74% |
| 2004 | 0.82% | 0.65% | 1.15% | 1.93% |
| 2005 | 0.79% | 0.51% | 1.76% | 0.81% |
| 2006 | 0.71% | 0.52% | 1.23% | 0.80% |

续 表

| 年份 | 全国 | 东部 | 中部 | 西部 |
| --- | --- | --- | --- | --- |
| 2007 | 0.88% | 0.57% | 1.56% | 0.88% |
| 2008 | 1.18% | 0.92% | 1.86% | 1.34% |
| 2009 | 1.47% | 1.27% | 2.15% | 1.80% |
| 2010 | 1.51% | 1.25% | 2.33% | 2.81% |
| 2011 | 1.53% | 1.26% | 2.41% | 2.90% |
| 2012 | 1.66% | 1.31% | 2.47% | 2.88% |

注：根据相关各年《中国乡镇企业与农产品加工业年鉴》和《中国农业年鉴》整理得到。

尽管乡镇企业在发展过程中得到了部分国家及有关部门的资金扶持，但是乡镇企业上缴的税负也是不容忽视的。《2011 年中国企业家生存环境指数研究》对民营企业税务负担进行的调查分析显示，73.4%的中小企业主认为目前的税负过重，其中 9.8% 的企业家认为现在的税负非常重，63.6% 企业家认为现在的税负比较重。这说明了税收负担过重也是制约我国乡镇企业融资的一大障碍。

## 二、金融机构贷款

农村正规金融市场主要由农业银行、农业发展银行和农村信用社组成。其中，农业发展银行的业务范畴主要是收购和建设。收购主要指的是农副产品的收购；建设主要指的是农村基础设施的建设，尤其是农副产品的生产加工基地建设。另外，农业银行与农村信用社则主要开展针对农村的信贷业务，是农村信贷的主要正规来源。因此，对于农村信贷业务这一领域，农业银行与农村信用社呈现相对垄断的形势。尽管当前农村正规金融机构是我国乡镇企业融资的重要渠道，但是在这样一个严重缺乏竞争的市场中，乡镇企业获得贷款的难度也就可想而知。

据相关数据统计，金融机构对我国乡镇企业的融资力度远远跟不上我国乡镇企业的发展速度。表 6-9 给出了 2003—2012 年我国乡镇企业发展的主要经济指标及其金融机构融资情况。由表可知，2003—2012 年我国乡镇企业总产值、固定资产投资、出口交货值、营业收入和上缴税金额分别以年均 3.50%、22.46%、13.88%、13.88%、16.59% 的增长率增长，然而金融机构对乡镇企业的贷款比例却基本维持在 10% 以内，并且随着时间的推移，以上所说的金融机构对于乡镇企业的贷款比例呈现不断下降的趋势。通过上文中的分析我们可以看出，现阶段的金融机构的信贷机制不够完善，农村居民对于金融机构的信贷选择较少，这些原因直接导致了农村生产生活中的资金匮乏，不利于农村经济的发展。

表 6-9　2003—2012 年乡镇企业固定资产投资资金来源

| 年份 | 总产值（亿元） | 固定资产投资（亿元） | 出口交货值（亿元） | 营业收入（亿元） | 上缴税金（亿元） | 金融机构贷款占比（%） |
|---|---|---|---|---|---|---|
| 2003 | 152 361 | 12 301 | 14 197 | 146 783 | 3 130 | 9.29% |
| 2004 | 172 517 | 14 884 | 16 932 | 166 368 | 3 658 | 9.04% |
| 2005 | 217 819 | 18 008 | 20 662 | 215 204 | 5 181 | 6.31% |
| 2006 | 249 808 | 25 219 | 25 416 | 246 811 | 6 105 | 6.21% |
| 2007 | 227 425 | 31 515 | 31 543 | 224 821 | 6 065 | 5.95% |
| 2008 | 227 124 | 38 338 | 35 888 | 273 949 | 7 214 | 6.16% |
| 2009 | 312 054 | 48 843 | 32 032 | 307 077 | 8 016 | 6.24% |
| 2010 | 360 080 | 58 747 | 35 751 | 354 770 | 9 320 | 6.37% |
| 2011 | 432 162 | 62 940 | 43 734 | 428 569 | 11 047 | 6.45% |
| 2012 | 476 118 | 76 186 | 45 736 | 472 774 | 12 458 | 6.71% |

注：根据相关各年《中国乡镇企业与农产品加工业年鉴》和《中国农业年鉴》整理得到。

## 三、股票与债券融资

当前，股票融资是企业融资的一个重要渠道。但就当前我国的乡镇企业而言，想要通过股票市场融资还存在很多困难。出于各方面利益的考虑，我国农村的中小型企业在生产经营中与农村基层政府具有紧密的联系，这种联系往往导致在林地、土地等方面出现复杂多变的产权问题①。由于自身治理结构存在缺陷、盈利能力较小、规模有限、市场前景不明朗、财务管理水平不规范等各方面原因，目前我国乡镇企业股份制转型及其上市融资的总体情况并不理想。

根据我国现阶段的相关法律法规，股票上市应当执行一系列复杂的审核流程。从我国乡镇企业上市情况来看，目前乡镇企业股票融资存在以下三个方面的特点。第一，能够满足股票上市审核的企业数量较少。第二，我国现阶段乡镇企业的发展情况具有较大的差异。东部地区的乡镇企业具有较好的经营管理水平，反之中西部地区则较为落后，而具有上市资格的乡镇企业主要集中在东部地区。第三，乡镇企业上市融资的门槛比较高。对于我国绝大部分乡镇企业而言，由于自身发展水平与大中型企业相比还存在一定的差距，要达到上述融资上市的要求还有很长一段路要走。但是，鉴于股票融资具有一定的优势，在一定范围内限额发行一定数目的普通股票应该成为未来我国乡镇企业融资的一种改革方向。

我国乡镇企业在上市的道路上，首先应当建立一个完善的理论依据，为乡镇企业的发展提供坚实的基础；其次应当出台并完善相应的法律法规，对乡镇企业加以引导和规范。乡镇企业的成功上市，对于提升乡镇企业区域内的知名度与影响力、加快进行我国的新农村建设具有积极的促进作用。

相比股票融资而言，债券融资就具有一些明显优势。但是就目前来看，我国乡镇企业要实现债券融资也将同样与股票融资一样艰难。我国债券融资市场本身还不完善，还存在一系列问题。当前我国政府对国债给予了极大的重视，但是对于企业债券的重视程度远远低于国债，并且对企业债券设置了很多门槛障碍，加之目前我国债券市场中对债券的信用评价机制还不完善，从而导致债券发行信用度不高、风险很大。因此，就我国绝大部分乡镇企业而言，想通过外部债券融资来缓解自身需

---

① 肖萍. 乡镇企业融资供需失衡成因及其均衡实现 [J].河南师范大学学报（哲学社会科学版），2010（3）.

求状况在未来相当长的一段时期内还是可望而不可即的事情。

## 四、自筹资金

### （一）内源融资

内源融资是指企业依靠自有资金和在生产经过程中的资金积累来满足自身的资金需求。我国乡镇企业由于天生的"弱质性"，融资渠道比较单一，通过正规金融机构、股票、债券等外部融资往往难以满足自身的资金需求。所以，在不能顺利对外融资的情况下，企业迫于生产经营中的资金需求，便会选择对内融资的渠道缓解自身的经营压力。同样以乡镇企业固定资产投资资金结构来源为例，笔者收集了近年来《中国乡镇企业与农产品加工业年鉴》的数据并做出了一定的分析后得出，在我国乡镇企业的经营中，自筹资金在资金总额中的占比均在 50% 以上，国家扶持资金和金融机构贷款资金比例始终保持在 20% 以下。这一数据显示，我国乡镇企业经营的主要资金来源是自筹资金。

国务院研究发展中心 2015 年对农村中小型企业的规模调查结果显示：近 50% 的中小企业在经营初期选择自筹资金作为经营的主要经济来源，利用民间融资和正规融资两种方式获得初始资金的企业仅占 22.8%，仅通过民间融资获得初始资金的企业占 31.5%。由此可见，我国乡镇企业成立初期，主要是依靠内源融资满足自身发展资金需求，其次是民间融资渠道，而通过正规金融机构获得融资的非常少。我国乡镇企业融资主要只能依靠内源融资解决的主要原因在于：乡镇企业自身的偿债能力有限、企业规模大小有限、企业资信不高、资金实力不强，外部融资渠道受到很大程度的限制。

根据相关学者的研究，2000—2015 年我国乡镇企业内源融资资金的相对份额以年均 7.96% 的速度增长，外源性融资资金的相对份额以年均 3.87% 的速度下降。① 虽然内源融资是我国乡镇企业资金的主要来源，但是由于我国乡镇企业大多以中小企业为主，且大部分属于劳动密集型企业，企业自身利润水平有限，同时乡镇企业对于自身的资金管理

---

① 姜春梅.中国乡镇企业融资来源及结构分析［J］.经济评论，2003（6）.

较为松散，缺乏对于企业未来经营预期的规划和部署，导致乡镇企业仅仅依靠自身内源融资将远远无法满足自身发展对资金的需求。在正规金融渠道融资和自身内源性融资双双受阻的情况下，乡镇企业必须寻求其他的融资渠道。

### （二）民间融资

民间融资也称民间信用、非正规金融，是各国普遍存在的一种金融交易现象。一般而言，民间融资是指没有经过银监机构批准，游离于正规金融体制与法律监管之外的一种个人与个人、个人与企业、企业与企业或其他在组织之外的资金筹措活动。亚洲发展银行将之定义为"游离于正规商务银行业务经营之外并不受国家金融体制监管的民间信贷机构"。在正规金融渠道融资和自身内源性融资均不能满足自身资金需求的情况下，民间融资就成为我国乡镇企业外部融资的另外一种重要渠道。一般而言，乡镇企业进行民间融资不外乎两种情况：第一种情况是乡镇企业受自然因素影响，生产经营所需的资金较多；第二种情况是随着乡镇企业自身规模的不断壮大，自身资金已无法满足企业的需求，企业需要大量的长期资金注入以推动企业快速发展，但是又难以通过正规金融机构获取资金，这时民间融资就成为乡镇企业融资的主要渠道。由于乡镇企业在经营管理中的资金问题主要依靠民间借贷公司的资金流解决，因此民间借贷公司对于乡镇企业的不断成长壮大具有促进作用。相关数据表明，在 2015 年乡镇企业发展资金来源中，内部融资占据 66％的份额，其余的外部融资中，依靠民间融资解决资金问题的比重占22％，商业银行以及其他资金来源占比分别为 9％和 3％。由此可见，民间融资是我国乡镇企业外源融资的主要组成部分，在我国乡镇企业发展过程中发挥了相当重要的作用。

相比正规金融机构而言，民间融资在资金的可获得性、信息、运作程序等方面都具有相对优势。以不同融资渠道的可获得性和交易成本为例，我们借助表 6-10 可以发现，民间融资的财务成本相比其他融资渠道要高，但是比较容易获得资金，这就是乡镇企业纷纷选择民间借贷公司解决资金问题的重要原因。

表 6-10　乡镇企业各种融资渠道交易成本的比较

| 资金来源 | 可获得性 | 财务成本 |
|---|---|---|
| 内源融资 | 受企业自身现有财务资源限制 | 低 |
| 农村信用社 | 贷款期限短，一般为 6 个月以内 | 利率高于商业银行 |
| 商业银行 | 企业缺乏抵押担保，较难获得，且获得资金非常有限 | 相对较低 |
| 民间融资 | 依靠地缘、人缘的关系，较容易获得 | 高 |

由于民间融资机构的出现，农村资金匮乏问题得到了一定程度的缓解，也增强了金融市场的经营能力与发展活力。但是与此同时，法律制度不健全，缺乏有效规范的民间融资也很容易成为我国市场经济和金融产业发展的隐患和障碍。因此，建立健全民间金融发展法律法规，鼓励和引导民间金融规范、有序发展，规范乡镇企业治理机制才能实现我国金融产业与乡镇企业发展的双赢。

综上所述，目前，我国乡镇企业面临着融资困难的窘境，具体表现为融资渠道单一、股票债券融资缺乏平台、银行贷款困难、民间融资不规范等。随着乡镇企业的发展，乡镇企业融资对政府信用、银行信用的依赖程度不断减弱，表现为政府支持资金和银行信用社贷款的绝对数额和相对份额的下降，与此同时，企业间的商业信用和民间信用的重要性上升，但不同地区、不同所有制类型的乡镇企业之间存在显著差异。在乡镇企业的融资问题上，民间融资与商业银行融资的矛盾问题，是否能够得到有效的解决，是能否实现乡镇企业乃至乡村经济发展的关键所在。

我国城乡中小企业的资金筹集情况受多方因素的影响，如乡村林地土地的产权问题、国家宏观调控的政策问题、国家对于乡镇企业的扶持力度等。乡镇企业融资问题的解决不能一蹴而就，需要进行广泛而深入的配套改革以及周全而科学的政策设计，必将是一个复杂、艰难而又漫长的过程。

# 第五节　中国农村金融发展的问题探讨

农村经济水平的进步与提升在一定程度上受制于与农村金融体系的完善进程。随着农村金融体系的不断完善和整合，农村金融机构也迎来了崭新的发展环境。根据前文中的论断可以预见，农村资金短缺的问题一旦得到了有效的解决，农村经济发展水平定会有所提升。

现阶段，我国农村金融体系已经相对完善，农村金融机构已经逐渐扩大并且深入到农村居民的生活中。然而我们不能被眼前暂时的繁荣景象迷惑，要正确认识我国农村金融机构发展的优势和劣势。农村金融体系中农村资金短缺的问题始终难以有效解决，是因为农村金融机构并未与农村的生产生活所需建立良性的循环机制。因此，调整农村金融机构的业务流程和业务范围仍然很有必要。现阶段农村金融业务的内容呈单一化的发展状态，简单的存款、取款业务很难满足农民的日常生活需要，与城市商业银行具有一定差异的农村金融机构，在理财、保险、信贷等业务上依旧处于发展的雏形阶段。农村生产生活中的资金短缺问题并不是农村经济建设的表象，而是农村经济建设中的内在问题。本节将针对农村经济建设中的农村经济发展问题做出详细分析，在探究出这一问题的始末原委之后提出相应的可行性建议。

## 一、农村宏观经济环境比较严峻，农村金融市场化程度低

"绿水青山就是金山银山，冰天雪地也是金山银山。"根据习近平总书记关于环境建设的这一科学论断我们可以看出，农村的生态环境发展对于农村的经济环境建设具有重要的作用，围绕农村的一系列建设必须在农村具有一个良好稳定的生态环境的基础之上进行，这是农村不断发展的外部条件之一。但是当前我国农村对于自身的生态环境的监管与监控意识还比较淡薄，还未形成一个高效的环境保护监管部门。农村地区对于自身的金融环境监管监督手段也十分脆弱，农村基层政府对于金融

环境的管理存在管理盲区和监督空白，相关法律法规不尽完善，这些问题都对农村金融发展造成了不良影响。主要有以下几个方面：

第一，我国农村的宏观经济环境有待整合。前文中已经论述了我国城乡二元经济结构的产生原因，二元经济结构对于农村经济改革以及缩减城乡差异都有阻碍作用。城市的城市化进程不断加快，农村由于现有的经济水平较为落后，难以接受并实行城市中较为先进的经济管理方式，以至于与城市经济发展的差距越来越大，导致二元经济模式越发严峻。农村生产生活方式具有一定的不稳定性，劳动生产量受自然因素影响较大，农村城市化的进程较为落后，农民群体在社会进程中处于较为弱势的社会地位，另外农民的受教育程度较低，大部分农民对于机械化生产方式和现代化管理方式了解不多。农村的经济问题严峻已经是不争的事实，此外，农村地区对于信贷资金的吸收能力、使用效率均不尽理想，导致了金融机构对于农村资金的帮扶陷入困境，恶性循环之下农村经济的发展困难重重。

第二，政府在农村经济中的定位模糊。农村金融受市场经济的影响程度较低，具有发展中较强的自主性。农村金融机构大部分是由政府引导监督建立的，是一种自上而下的发展进程，政府对于金融机构的管制以及建设区域划分，和财政经营权利的把持等限制了农村金融机构的发展前景以及发展预期。这一现实情况不仅将政府干预农村经济活动的做法逐渐演化成一种社会现象，也大大抑制了农村经济改革的创新性和自主性。农村金融的强制性演进导致政府和市场的双重缺位，而双重缺位又导致了市场发育不全。在市场机制建立不完善的同时，其他金融机构一旦难以将财政支持准确地发放到农村企业中，就会影响政府对于农村企业的财政支持。

在我国农村金融发展的过程中，政府对于经济发展的帮助作用是显而易见的，但是如果政府的支持力度不断加大，甚至逐渐转化成为恶劣的干预，那么政府帮助下的农村经济发展就会变质，会造成农村金融市场的建设不完全、与市场经济的适应程度较低、市场环境更具风险和挑战等恶劣后果。

## 二、农村金融发展的制度环境不理想，外部监管存在诸多问题

第一，我国农村法律法规建设环境的缺失。长期以来，我国农村法律体系的建设和实行都存在一定的漏洞：生态环境保护、农村企业的监管程序、法律实行的效率，这三个方面都有相应的问题需要解决。目前，我国法律的信任程度以及执行力还存在问题。一方面，现阶段法律对于借款人和债务人之间的相关条约和应当履行的义务没有明确的规定，约束力较轻。加之法律执行力的低下，导致债权人难以维护自身的利益，更加大了金融机构维护自身信贷权利的难度。另一方面，解决金融机构的法律起诉以及聘请律师的费用较高，农民难以负担。

第二，我国农村金融环境有待改良。我国农村金融市场中的风险与信用意识较为薄弱，部分农村中小企业没有良好的信贷偿还意识。在进行信贷的过程中，部分信息登记有误，造成借款人与贷款机构双方的信息出现差异，出现企业逃税漏税的现象。农村企业缺乏科学的经营理念，在选择经营项目的时候存在跟风或者攀比的现象，未针对项目做出完整的规划，经营体系老化，经营不善造成亏损，难以按时偿还贷款。针对这类金融风险的现实情况，金融机构在面对中小企业贷款的时候大都会采取谨慎的方式进行投资。农村信贷在征信方面的管理机制较为落后，信贷资金回收问题缺乏保障，增加了信贷领域的风险。

第三，我国农村外部监管机制不完善。银监会对于在农村地区进行子公司建设的金融机构未出台明确的进出机制。乡镇金融机构的经营与管理受两方面的影响，一是政府的干预，二是以银监会为首的对于金融机构的监管和引导。商业银行、农业合作社、信贷公司由银监会进行监督管理，小额信贷机构受政府的引导管理。但是农村金融机构属于农村基础性机构，银监会的各项管理手段和机制在层层传达之后必定会有信息失真的情况。同时银监会的相关政策在实行的过程中没有强有力的外在机构进行监管，造成政策实行效率成果低下。因此，我国亟须建立一套完善的基层政府监督机制，用以监督农业企业的经营与发展，促进基层金融机构的合理化运行。

## 三、农村金融体系内部组织机构之间矛盾冲突严重

现阶段，我国的农村金融体系由中国农业发展银行、中国农业银行、农村信用社组成。政府对于农村和农民的相关政策的推进和帮扶主要由以上三所金融机构协同完成。以上三所金融机构针对农村的金融业务构建了政治性金融机构、商业性金融机构以及合作性金融机构的多元化的金融体系。但是这一体系中的边缘存在部分矛盾，各个机构难以有效调节，利益关系在部分区域内有所冲突，导致三者之间的协同合作效果有所减弱。

农业发展银行是现阶段的政策性金融机构，农业发展银行中的大部分金融业务具有"公共金融产品"特点。农业发展银行具有先天的局限性，那就是在运行机制的设定上缺乏科学性、合理性，造成了经营管理中的弱点以及缺陷，主要表现在以下几个方面。

第一，农业发展银行具有政策性和金融性兼容的特点，致使金融机制的执行力下降，发展频频掣肘。在农业发展银行开展业务的同时，一方面受政府相关政策的支配，对于农业产业进行无条件的金融支持，属于政府的财政拨付部分；另一方面，农业发展银行是具有自主经营权利的商业性质的金融机构，在进行信贷业务时与商业银行具有相似性，都是以自身的经营收益最大化为经营目的。[①] 农业发展银行由于自身的业务量较大，因此应采取措施有效制衡以上二者的关系，使它们在一定程度上保持平衡。然而实际的经营情况却不容乐观，农业发展银行在经营的过程中受基层政府的干预过多，影响了自身的主观经营理念，增强了机构的政治属性，又难以将金融性质与政策规定进行统筹发展。时至今日，农业发展银行已经失去了自身的商业银行属性，逐渐转化为政府部门的"投资机构"，政府对于农业发展银行的管理和制约不断加剧。在这样的发展环境之下，农业发展银行存在内部管控工作缺失、业务工作不足、经营风险不断加大等问题，对于农村中小型企业的扶持工作往往心有余而力不足。

---

① 江浩. 浅谈农业发展银行职能定位缺陷与弥补方略 [J]. 武汉金融，2012 (9).

第二，农业发展银行具有政府支援窗口和农村金融机构的双重身份，导致其出现了功能重叠、资源浪费的情况。农业发展银行在建立之初的作用是填补农村经济发展的空白，对于部分农村经济紧缺的地区和企业进行政策覆盖和资金支持，属于政府主导的完善农村经济市场的建设性机构，对于农村中小型企业的经济帮扶以及农村居民的信贷需求问题的解决具有重要作用。与此同时，农业发展银行作为我国农村金融体系的建设内容，使农村经济建设更具活力。

然而实际中农业发展银行的经营却不如理想中的那样美好，主要表现在三个方面：首先，农业发展银行首要的经济来源是政府的资金补助，但是在资金拨付的过程中经常存在延迟到位的情况；对于社会资金的吸收更是具有非常大的不确定性，因此这一部分的业务受到了金融市场的限制；农业银行一旦资金受到束缚便会发行债券，与中央银行借贷的外部融资，造成银行业务与职能的不协调；在信贷方面，短期信贷与长期信贷之间存在尖锐的矛盾，影响乡镇企业的发展以及农民对金融机构的信心。其次，农业发展银行成立之初将自身的主要职能定位于农产品的收购和销售工作，近年来，随着农村经济的不断发展以及农村金融机构的体制问题，农业发展银行的业务领域不断扩大，逐步发展到农业基础设施的建设、现代化农业建设、农业衍生产业的帮扶等方面，一味地扩大自身的经营范围，造成了繁而不精、业务冗杂、资源配置较低的现状；另外农产品的销售进程已经出现转变，以粮食产品作为业务主导的农业发展银行在应对农业尤其是粮食作物的收购业务时已经显现出了滞后性。最后，农业发展银行对于我国农村金融覆盖面积较低，我国目前的农业企业呈现出覆盖度分散的经营结构，二者之间的矛盾是难以调和的。以上所述的诸多因素致使农业发展银行与农村经济的发展难以紧密配合，政策支持由于农业发展银行进行转化之后的金融杠杆原理难以将经济支援有效传达到基层乡镇企业中，对于金融发展具有束缚作用。

第三，具有经营目标叠加性质的金融机构，在经营的过程中极易偏离发展预期。中国农业发展银行成立之初致力于对农村经济建设的帮扶，具有明显的政策性。但是在经营的过程中不断受商业银行的经营理念的影响，近年来不断实践政府对于农村地区政策性支持的帮扶工作，使得农业发展银行逐渐难以认识自身的经营目标。当农业发展银行对于政府政策业务逐渐减少，自身的公益性业务不断萎缩时，就导致其经营方向逐渐偏离了预期目标。根据现阶段中国农业发展银行的经营状态来看，并未达到预期的对于农村地区以及农村项目的支持效果，其经营模式反而越发偏离轨道。因此，目前应当不断调控和转化农业发展银行的业务内容以及经营理念，将商业化的经营理念定位在经营补充领域中，同时将政策型的、对农村农民起帮扶作用的功能定位于农业发展银行的核心位置。

中国农业银行是商业性质的金融主体，农业银行成立的最初目的是解决"三农"问题，但是发展过程中仍旧在农村与城市中间进行了选择。从 1995 年开始，中国农业银行开始探索现代商业银行的运营机制。在这之前，中国农业银行的经营重心一直在农村领域。1996 年，应国务院《国务院关于农村金融体制改革的决定》的要求，农业银行与农村信用社脱轨，并大规模撤并农村基层分支机构，逐步开始退出农村信贷市场，将经营重心转向城市。1997 年，农业银行开始向国有商业银行转型。2007 年至今，农业银行应国家明确要求进行股份制改造，并重新回归农村，开展面向"三农"的金融服务试点。

由以上的经营过程可以看出农业银行的发展取得了一定的成果。农业银行迎合了对商业化的改革，从 1996 年开始，大幅度缩减了农村地区的基层金融组织，不断精简自身产业结构，进行人事改良。这一举措对于提升自身的经营管理能力及业务效率具有积极作用，但是在一定程度上造成了农村现有资金外流的情况。农业银行在经营中追求自身经营利润的最大化，同时又造成农村现有资金回流缓慢，在这种情况下，中国农业银行在农村地区的业务开展十分艰难。

自 1996 年农村信用社与农业银行分散经营开始，农村信用社就进行了系统的变化，这一系列的变化在一定程度上改变了农村信用社的发展状态。现阶段农村信用社存在的自身产业规模过小、农村地区金融覆盖率日渐降低、经营管理不完善、人事问题处理不科学等问题已经有所缓解，但是在农村融资问题的处理和解决上仍难以满足农村地区的资金需求。由于自身的管理缺陷和业务盲区，农村信用社在农村金融市场的竞争下，难以进行有效的整合提升。

随着当前农村经济的不断发展，农村金融结构也产生了一定的变化，农民对于金融的需求也逐渐发展起来。但是农村信用社的业务内容较少，业务覆盖面较小，经营范围以及经营空间都受到束缚，对于"三农"问题的处理和支持大多数流于表面，难以在根本上解决农村金融发展的问题。不仅农村信用社自身的发展前景不容乐观，农村经济资源的占有和消耗也阻碍了农村金融体制的改革和提升。

以上正规金融机构在农村实行的经营政策难以满足农民以及农业生产中的资金需求，农村民间信贷机构就应运而生了。这一金融机构的产生看似能够缓解农村资金需求的困境，但是实际上非正规农村金融机构仍存在较多的问题有待解决。

首先，农村非正规金融机构定位不明确。一方面农村民间信贷机构在一定程度上解决了农村资金短缺的问题，适度改善了农村经济的发展情况；另一方面，民间借贷模式游离于正规金融机构之外，不仅不受法律保护，反而受到政府的约束和整治。

其次，农村民间金融机构的体制陈旧。一方面，农村金融市场中的民间金融公司与正规金融机构存在较大的差距，缺乏国家宏观有效的监管和引导，经营模式具有较大的主观性和自由性；另一方面，民间信贷公司的业务办理流程不够科学，征信问题是民间借贷机构的业务盲区，加剧了民间借贷机构的经营风险，不利于农村经济的整合与发展。

最后，农村非正规金融机构的运行具有不稳定性。非正规金融组织没有科学的征信系统，没有稳定的资金来源，业务经营范围较小，这些因素使得民间信贷组织的经营风险上升，没有固定的经济收益，经营效率较低，资金损耗较大。民间借贷公司经营规模较小，因此农民对于资金的希求与借贷公司之间的供给存在错位现象。

由此可见，我国农村金融的建设由政府主导，引导基层金融机构的自我完善和发展，各个组成部分之间的优化整合，目的在于解决农村金融的建设问题而非盈利。但是这种改革的方式并未在实际中改善农村居民的生活情况，问题解决得并不彻底。

综上所述，当前农村金融供给的资金流正在不断减少，农村居民以及农村企业对于资金的需求仍然存在，但是受到金融机构重视的部分却少之又少，农村经济收益有很大一部分流出了农村市场，农村现有资金和预期资金难以良性循环，资金缺失的现象仍旧十分严重。众所周知，市场经济的条件下，商业银行的经营目标是获得更多的经济效益。但是，如何在进行经济建设和获取经济效益的同时稳定市场风险，达到共同盈利，这显然是值得我们深思的一个问题，我们将在接下来的章节里一起探讨这个问题。

# 第七章　农村金融问题的破解

要想促进农村经济发展，最好的方式就是解决农村的金融难题。本章对我国农村金融问题进行了细致的研究，在农村金融理论基础上又提出了新的农村金融问题解决方案。再通过对国外农村金融的分析，希望能够为我国农村金融发展打开一扇新的大门。

## 第一节　破解农村金融难题不能泛泛而谈

要寻求农村金融难题的根源并对症下药，不能只是泛泛地讨论农村金融问题。

自美国耶鲁大学经济学家帕特里克（Patric）提出农村金融发展存在需求追随型和供给领先型两种模式的观点后，学术界围绕着农村金融到底是供给抑制还是需求抑制问题，展开了研究。谢平、徐忠[1]认为"供给会自行创造需求"的萨伊定律能够在农村金融市场中发挥作用，故而破解农村金融抑制难题的关键是建立健全适合农村建设阶段发展的金融体系，开展农村金融业务。张杰[2]认为如果农户没有提出相应的信贷需求，我们设计出的农贷制度再好，都只不过是"镜花水月"。还有

---

[1]　谢平，徐忠. 中国农村信用合作社体制改革的争论 [J]. 金融研究，2001 (1)：1-13.

[2]　张杰. 解读中国农贷制度 [J]. 金融研究，2004 (2)：1-8.

的学者认为应该兼顾供给和需求两方面的因素[1]。

从我国农村金融改革的过程可以看出,改革初期,即 1978—1996 年之间,我国农村相继建立了服务于商业、金融、政策等不同领域的金融机构;改革中期,即 1997—2002 年之间,将改革重点转移到了农业互相合作的农村信用社的建立和完善上;改革后期,即 2003 年至今(新农村建设时期),一方面将原有的金融机制进行改良和优化,另一方面根据现阶段农村的发展情况,逐步建立新的金融领域以及金融业务。至此,我国迎来了崭新的改革局面[2]。在建设金融体制以及配套设施的过程中,我国已经逐步形成了不同等级规模的城乡企业,成立了服务于乡镇企业的金融机构,很大程度上缓解了农村农业的资金问题,但现代农村金融制度远未建立,农村金融难题尚未破题。实际上,以改善供给为主的农村金融改革仍存在诸多不足,其中重要的一点就在于,改革往往采取自上而下"一刀切"模式,即先确立一种标准化模式,然后在全国范围推广,因地制宜地满足不同地区的不同需求。我们应该对农村金融问题有以下三点认识。

第一,1978 年以来我国居民总体地区收入差距和农民地区收入差距均呈现阶梯形变异上升态势,如图 7-1 所示,不同地区的农村产业结构、农民收入增速和收入构成等各方面,均存在明显差异,这可能导致农村金融需求千差万别。有研究认为,从东、中、西部地区的金融需求来看,东部地区更多的是农村问题,其新农村建设的重点是城市化;中部地区更多的是农业问题,其新农村建设的重点是工业化;西部地区更多的是农民问题,其新农村建设的重点更多是在于满足生活需求。我们不妨沿着这种思路略作推演。"十二五"规划中明确提出,要"加大对革命老区、民族地区、边疆地区和贫困地区的扶持力度",因此我们要思考这些地区的农村金融需求有何特性,什么因素决定了这些地区农村金融需求的有无和强弱,满足其需求面临着何种特殊困难等问题。这些地区具有民族数目众多、地理位置偏远、宗教信仰虔诚等错综复杂的特

---

① 曹力群. 当前我国农村金融市场主体行为研究 [J]. 金融论坛,2001 (5):6-11.
② 汪小亚. 农村金融体制改革研究 [M]. 北京:中国金融出版社,2009.

征，因此必须予以专门研究。令人欣慰的是，从 2004 年中央"一号文件"等农村金融政策中可以看出，国家开始注重农村金融供给与农村金融需求对接的农村金融改革思路，国家鼓励各地方政府在贯彻落实农村金融政策时，注重结合本地实际情况，注重分析各地特殊的农村金融需求特征。可以预见，未来我国会出台更多更加贴近各地实际情况的农村金融需求的政策。

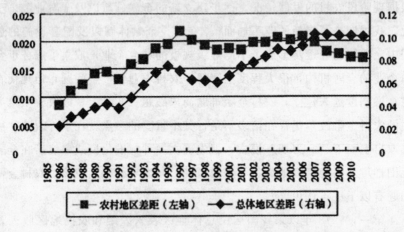

图 7-1　我国地区收入差距变动趋势（1985—2010 年）

　　第二，进一步细看农村金融需求本身，也可谓纷繁复杂。具有金融服务需求的对象、规模、用途、结构、种类等均不同。联合国组织认为，缺乏创新是阻碍弥补农村金融供需缺口的主要原因。农村金融机构针对以上的农民生活以及资金问题进行了诸多业务上的创建和创新，比如组织架构的创新、服务方式的创新、服务产品的创新，等等。在市场经济体制改革深入推进和金融机构商业化改革的大趋势下，政策的制定不应该再强制要求金融机构服务"三农"，相反，政策当局应该尝试做好一些外围服务，激励金融机构提供创新型服务，以满足差异化、多层次和多类型的农村金融需求。因为相对忽视金融需求特征的政府"自上而下"刻意推行的农贷制度，并不能有效解决农村金融问题。相反，如果农村金融需求问题被相对忽视进而得不到有效满足，民间高息借贷还将盛行。

　　第三，农村经济社会发展的不同阶段意味着不同的农村金融需求特征。虽然二元经济结构仍将长期存在，小农经济仍将是我国农村经济的常态，但随着我国经济发展进入"工业反哺农业、城市反哺农村"的新阶段，农村经济社会形态，包括农户、小微企业、农业产业链、专业合作组织、涉农龙头企业等都在发生变化。

例如，有研究将我国农村类型划分为传统型、过渡型和现代型，其中传统型农村的金融需求以生存性为主、生产性为辅，现代型农村中的经营性需求较多，而过渡型农村则处于这两者之间。还有研究发现，随着农村劳动力在城乡间的流动，以工资性收入为主要收入的贫困地区的农户不再是传统意义上的家庭生产经营单位，而是劳动力供给者，其对正规金融的需求可能表现为消费性而非生产性。可以看出，这种以时间维度细分农村金融问题的视角，与前文以空间维度看农村金融问题的视角有诸多重合之处，比如，中西部贫困地区的农户更多地生活在条件更落后的传统型农村中，等等。

总之，泛泛地谈农村金融问题显然不是科合理的态度，选取特定的地区、特定的主体进行典型样本分析，才是相对合理的分析方法。当然，坚持既有理论的指导，把握好实现农村金融供给与需求有效对接的原则并采取历史演进的动态视角，是做好研究必不可少的要件。

# 第二节　财税支持与货币金融支持

自中华人民共和国成立以来，我国财政资金投向农业基础设施的比例严重偏低。1952—2013 年，我国对工农业的基建投资比例约为 6∶1，远远落后于发展中国家的平均水平 4∶1。造成财政支农资金偏低的原因有以下几个方面。第一，与工业相比，农业生产风险高、收益低，政府在决策时更倾向于将资金投向生产效率更高的非农生产领域。第二，在工业化优先发展的赶超战略下，资金资源从农村源源不断地流向城市及工业产业，投资重点也从农业生产领域转移到非农生产领域。第三，金融部门在全部商业化运作后，以利润最大化作为价值取向，其天然的资金逐利性，使资金投向效益较好、还款有保证的第二、第三产业。而农民的借贷资金量少、借贷主体分散性较强、每笔借贷交易成本高、还款风险高，导致农村金融支农效率较低。同时，农民的宅基地和农房不能抵押或者流动性低造成抵押价值低，也限制了农民从金融机构贷款。

# 一、农村金融服务和财税支持现实情况

## （一）农村金融服务现实情况

2016 年中国人民银行发布的《中国农村金融报告》指出，虽然农村金融在农村经济建设中的位置并不突出，但是实际上农村金融的建设在整个农村经济的建设中应当居于首要位置。

由于农村业务具有信贷资金数量较少、生产经营风险较大、农村业务较分散的特点，农村中的商业银行秉承着力求经营利润的最大化这一方针，逐渐减少了对农村金融业务的承接，农业银行的涉农贷款仅占其全部贷款的 30%。如果说商业银行等机构放弃农村这块"鸡肋"还有一定的道理，那么农村信用合作社"离乡离土"就显得离经叛道，因为其成立是依托"三农"，本质上就是为"三农"服务的金融机构。

农村信用社是农村金融机构中的重要组成部分，但农村信用社呈现出的对于农村经济的助力作用却不甚明显，原因在于农村信用社自身的"短板"。首先，电子商务水平较低。在农民需要进行时效性较强的业务办理时，农村信用社由于自身的电子化系统缺漏，难以满足客户的需求，导致客户转向商业银行办理业务。其次，人力资源建设短缺。由于农村的生活水平不高，人才在农村就业的欲望不强烈，农村信用社难以吸引人才就业。最后，资金流向管理不佳。由于农业生产所需资金数额较大、获利较慢，银行在进行投资和贷款的同时着眼于获利较快的非农业领域，造成了农业资金外流的情况。

邮政储蓄只存不贷和新型农村金融机构的设立更是加剧了农村资金的外流。农村金融的空洞化使得农村发展急需的金融资源严重匮乏，直接影响农业产品的生产和销售工作顺利进行，影响农业科技化的确立和完善，使得农村基础设施建设工作难以有效开展。

我国农业保险的规模小、数量少、购买力低、赔付率高，这和农户土地经营规模小有关，因为小规模农业经营决定了其单位保险成本的提高，结果是商业性保险公司不愿涉足农业保险。2016 年，全国保费收入是 3.1 万亿元，而农业保险的保费收入仅为 417.71 亿元。因此我国农村保险市场发展相当落后，无法满足新农村建设的需求。

### （二）财税支持的现实情况

基层政府公共财政体制存在的问题有哪些？陈文胜的调查显示了农民对提高社会保障水平、加强教育有强烈的需求。例如，在"希望政府做什么"的调查中，希望政府能够让农民参加养老和医疗保险的占比为 32.4％，希望农村孩子上得起大学的占 23.4％，希望政府加强基础设施建设、提供科技援助和市场信息的占 34％。在"新农村建设应当从哪方面着手"这一问题的回答中，31.6％的农民认为"应当加强政府对于农村建设事业的帮扶力度"，7.4％的农民认为"应加强对农业技术、科技文化等方面的投入"。总体而言，50％的被调查者认为政府应加强农村公共服务的供给，如基础设施、交通、信息、规划和教育、医疗等。但是现实情况是，近年来随着国家惠农措施的实施，基层政府的财政收入能力逐渐降低，基层政府财政资金浪费现象严重，这些都加重了农村公共产品短缺程度。

财政支农存在的主要问题包括以下几个方面。第一，财政支农强度具有较大波动性，财政支农政策不稳定，不能为农村持续快速发展提供稳定的财力支撑。第二，与第二、第三产业相比，第一产业的固定资产投资明显偏低。以山西省为例，2013 年该比例仅为 3％左右；在财政支农资金中，用于大中型水利建设和林业建设的资金占比较大，而直接用于良种工程、重要农产品基地建设的资金较少，这虽然有助于农村生态环境和生产条件的改善，但也导致了农业生产、农民收入增长缓慢。第三，财政支农资金投资效率不高，财政支农重资金分配、轻资金管理。第四，重前期调研准备，轻事中控制、事后总结。

## 二、金融支持和财税支持的路径分析

### （一）金融支持的具体思路

第一，完善农村金融法律体系建设和加大政策扶持力度。发达国家农业生产率的提高与其农村、农业支持政策的法律化是不可分割的，正因为有了这些法律，财政和金融政策的效用才体现出来。我国新农村建设必须在法制化、信用化的环境中推进。鉴于当前我国农村金融法律制度缺失的实际情况，有必要借鉴美、日等发达国家以及农业立法较为完善的孟加拉国等发展中国家的经验，制定我国的《农业信贷法》、《社区再投资法》、《农业金融保险法》。引导资金回流必须采取提高资金收益的办法。国际通行的做法是对金融机构的支农服务给予政策扶持，在货币政策上对涉农金融机构实行差别存款准备金率和优惠利率；在税收政策上采取涉农贷款减免等优惠政策；在财政政策上，对支农贷款进行贷款风险补偿或提供财政贴息，来降低实际贷款利息。

第二，政府要对商业金融机构进行合理干预。农村金融服务市场的失灵，需要政府这只"看得见的手"进行干预。政府为保障农村中广大经济主体享有平等的金融权利，必须建立起完整的、普惠性的农村金融体系，以此惠及传统金融体系所忽视的农村贫困群体。具体措施是在银行性金融机构的评级考察指标体系中设置相应的指标，如为农村地区提供存贷款服务的数量和质量、新增存款投放新农村建设的比重等，这将有效约束农村资金的外流。

第三，农村企业信贷支持比农户信贷支持有更显著的作用。根据田霖的研究，考虑到系统中各要素互相影响、互相作用的复杂关系，银行供给大量农户的小额信贷只能暂时缓解其资金困难，而农村企业长期依赖自有资金积累，银行贷款供给不足才是制约整个农村经济发展的主要因素。可采用"一村一品"方式，对重点农产品和特色农业进行扶持，如对河南中牟的大蒜基地和新郑的红枣基地的规模经营提供资金信贷支持。

第四，大力发展我国合作金融组织。部分学者考察了德、美、法、日等国的合作金融制度，其中德国的"金字塔单元制"、法国的"两截鞭"型民间和政府的结合制、美国的"上虚下实"型多元复合制和日本的协同组合制各有特点，但万变不离其宗，即合作金融的基本经济特征和原则不变。我国在借鉴国外成功经验时要因地制宜、分类指导，严禁"一刀切"。一方面要改制现有的农村信用合作社，在经济欠发达地区，可以考虑将其改制成为真正的股份合作金融组织，在经济发达的地区，吸引各类商业银行入股进行收购或者合并。另一方面培育新型的农业合作组织，按照合作的原则，由当地农民发起、吸收当地的民间资金组建社区性质的信用合作组织。

第五，完善农村保险体系。可以考虑成立政策性保险农业保险公司，政府拿出一定比例的财政资金，对参加保险的农户进行保险补贴，以此提高农户参保意识和参保的积极性，这也会刺激商业保险公司开发适合农户的新品种，扩大其农村保险市场份额，同时降低农业风险，保障农户农业收益。

### （二）财税支持的具体思路

第一，按照《中华人民共和国农业法》的要求，保证财政支农支出的增幅高于财政经常性收入的增幅，保证财政支农支出预算增幅高于同期财政总支出的增幅，保证耕地占用税新增收入大部分用于新农村建设，将国家的基础设施建设和社会事业发展的重点向农村转移。第二，发挥财政的引导作用，充分发挥财政四两拨千斤的作用，以贴息和补贴为手段，根据"政府推动、市场引导"原则，引导城市不同类型的资本参与新农村建设。第三，注意发达国家财政政策支农内容的变化，其补贴方式的总趋势是减少对农产品的价格补贴，而增加对农民收入的直接补贴，增加对农业生态改善和农业生产要素的补贴。

# 第三节 让金融支持成为新农村建设的关键力量

确立农村金融在我国新农村建设中的重要地位，是建设新农村和党中央运用科学发展观破解"三农"问题的新理念和新实践，同时也是增进农民福祉和惠及广大农民群众的民心工程。金融作为现代经济的核心，应该充分发挥"四两拨千斤"的作用，肩负起支持新农村建设与特色产业可持续发展的历史重任，通过创新金融产品、优化信贷结构来提升服务水平。

当前，农村金融产品和服务手段不断扩展、融资渠道不断拓宽，农村金融文化建设虽然得到了发展，但也存在着农村金融生态环境欠佳、金融支持乏力、担保机构缺位、农业保险缺失、信用环境不佳等问题。

国家要加大力度扶植和支持农村金融发展，进一步规范民间融资行为，鼓励和吸引更多的金融机构进入农村金融市场，进一步完善农业保险体系和切实改善农村金融环境。根据我国所处的历史阶段和我国的特殊国情，我们提出如下对策和建议以使农村金融更好地支持新农村建设。

## 一、加快农村金融体系建设

美国的农业现代化离不开其完善的金融体系的支持。具体体现在如下方面。

一是扎根于农村的农村信用合作社（以下简称信用社），其资产约占全部农村金融资产的 30％。美国的法律规定，信用社金融机构不需要像商业银行那样缴纳法定存款准备金。按照金融学原理，存款准备金的本质是国家变相征收的税收。该纳税义务的免除使信用社的竞争能力得到进一步增强，涉农贷款意愿和能力得到提高，加上对信用社的其他税负减免，信用社支持农业发展的能力显著增强。

二是资产占全部农村金融资产约 4％的商业银行。为了防止商业银行将涉农资金挪至其他赢利更高的产业，美国农业信贷管理局依据联邦法律规定对一些商业银行的涉农贷款施行利率补贴；同时美国联邦储备体系对涉农贷款超过其全部贷款总额 25％的商业银行实行税收减免等优惠措施。

三是政府还成立了农民家计局、商业信贷公司、农村电气化管理局三个机构。1916 年《联邦农业信贷法》出台之后，美国成立联邦土地银行，银行的主要业务之一便是以农村不动产为信贷抵押物品，为农村资金短缺问题服务。1993 年《国家复原法案》出台，美国建立商品信贷公司，将信贷抵押物品的范围扩大，农产品亦可以作为信贷抵押物品。这一举措不仅为农业生产中的资金问题提供了合理化的解决手段，更是在一定程度上稳定了农产品的市场价格，促进了农业经济的发展。另外美国建立了农村电气化管理机构，针对农场以及电业系统的农民提供贷款业务，贷款期限长达 35 年，年利率极低，专门用于农村电气化改造和建设。这些政策性金融的目的就是为不能从商业银行以较低的利率获得贷款的农民提供农业生产贷款，鼓励他们在广大的农村创业。尽管贷款机构覆盖了整个农村，但是涉农贷款和其他产业贷款相比，风险高、利润低，为了降低风险，美国农业保险经过六十多年的发展形成了以商业保险为主，政府加以扶持的良性发展模式。商业保险公司根据农民需求，设计和提供了多达一百余种农作物险种，而政府通过《农业法》等法律，对农民进行保费补贴，并对参加联邦农作物保险的农作物进行高额补偿，同时对未参加联邦农作物保险的农作物所遭受的自然灾害按照规定产量的40％予以赔偿。

以上这些措施为我国建设农村金融体系提供了有益参考。

自党的十七届三中全会开始，我国已经确定了新农村建设的农村前进方向。在这一政策的指导下，我国逐步建立了商业金融、政策金融、合作金融三者优化提升的农村金融机制。

目前，我国农村合作金融发展较为缓慢。尽管农村资金互助社已经在我国农村地区落地，但是由于农民群体固有的陈腐思想、自身的自卑意识致使农村信用社久久不见起色。

因此当务之急是破除旧观念，给予互助社免于缴纳法定存款准备金等各项政策支持，促使互助社健康发展。商业银行由于风险控制能力较弱，纷纷从农村地区撤离出来，或是发挥"抽水机"的作用，将农村的储蓄吸收进来然后用于非农产业。商业银行以经营获利作为经营标准固然符合市场准则，问题在于农业作为准公共物品的特性并未被政府认识到。因此应当不断引导农村金融机制，逐步建立健全覆盖农村的金融机构，将正规金融机构的业务办理、服务质量提升到一个崭新的阶段。另外要充分发挥中国农业发展银行的政策性金融作用，制定税收减免等优惠政策，鼓励其在加强粮棉油贷款营销和管理的同时，创新信贷服务、改进经营方式、拓展新的业务，如将农村基础设施建设和农业产业化等纳入扶持范围以及支持对农业和农村开展中长期开发性贷款业务。

我国涉农保险的服务能力低、覆盖面较小、保障水平差等特点限制了我国农村保险作用的发挥。2012年的"中央一号"文件指出，要开展设置农业保费补贴试点，鼓励地方开展优势农产品生产保险，同时应当建立农业保险以及再保险的机制，与农民共同分担农业生产中的不可控风险。下一步要对农业保险发展的税费优惠、财政补贴、风险分散等相关制度加以改革，这也为商业银行二次下乡打下坚实的基础。农村金融机构应当加强保险业务，例如扩大农村居民养老保险的覆盖率，建立农村合作医疗体系；发展农业生产过程中的保险服务，降低农业生产中不可控因素对于农民的影响；针对农业信贷问题，将农业信贷与农业保险相结合，减缓农民信贷压力。将保险与信贷优化联动，不仅能够提升我国农村金融机构的服务能力，更减轻了信贷对于农民的生活压力，分担了农业生产中农民所面临的风险。

综上所述，对于农村金融体系的建立和完善不是相对孤立的单一政策，而是将现有的农村金融机构相互联合，最大化地发挥金融机构的能力，履行金融机构的职责。将某一机构的业务盲区与其他机构的业务热点相交叉，建立一条完整高效的农村金融服务链。

## 二、制定和完善各项金融政策

第一，中央银行要制定和完善涉农的货币政策。充分运用货币政策的"三大法宝"（法定存款准备率、再贴现政策和公开市场业务）支持社会主义新农村建设。对于急需资金经营的企业，在合理合法的情况下，政府要加强对于这类企业的帮助与支持，在信贷问题上应当尽量加快业务办理速度以及加大资金投入数量；对于经济基础不尽如人意的农村地区，应当尽量减免信贷中的贷款利息率，减少信贷资金对于农业生产的压力；根据农村地区的经济情况，增加外来资金向农村引流的力度，支持农村农民的农业生产和自主创新。

第二，信贷政策向涉农业务倾斜。放宽涉农贷款业务的监管标准，采取差别化的监管措施，如提高不良贷款率和对不良贷款的容忍度，降低贷款损失准备金的计提，并允许其在税前扣除等；提升金融机构业务办理的时效。

为了增强金融机构对于农村农业的帮扶力度，金融机构要勇于将贷款审批权下放到县级基层金融机构，贷款额度调整、贷款期限也要与小农生产周期相吻合。建议政府增加政策性贴息贷款的品种和提高相应贷款额度；延长涉农贷款期限，针对农村地区的信贷特点，适当减免利息，降低利息率，增加对农村企业的支持力度。

第三，央行要进一步加强农村的金融基础设施建设。一些农村地区金融电子化水平低，现代化支付体系还是空中楼阁，这些都严重制约了新农村建设的进行。因此要加强结算体系建设，逐渐扩展金融机构在农村的覆盖面积，扩大金融机构的业务范畴。

## 三、拓宽农村融资渠道

农村金融在改革的过程中应当不断创新金融产品以及金融业务，改变农村经济中陈旧落后的金融管理方式。

第一，扩展金融机构的开办领域。对于民间不合法借贷问题应当加以管理和约束，扩大正规借贷公司的业务范围，为农村居民的借贷提供更多的选择因素。政府应从解决农民的生活实际问题出发，增加农村金融机构的覆盖率，为农村经济建设提供多样化的金融服务。设立部分金融中介机构，降低民间借贷公司的业务风险以及农民借贷产生的生活压力，引导农村经济资本合理有效地流动。

第二，推进小额贷款公司的建立和完善。引导农村地区的小额贷款公司以及民间信贷组织向符合当前农村经济建设的方向发展。建立农村地区的小额贷款公司试运营点，将民间信贷公司引进国家"三农"政策中，这将更有利于民间借贷公司的科学化、合理化发展，促进我国农村地区的建设。

第三，鼓励商业银行在基层建立金融组织。鼓励商业银行经过创新发展，改善自身的业务内容，创建更适合农村地区发展的经营内容，有效弥补农村经济发展中的漏洞和缺失，改善农村的信贷现状。

第四，促使小额贷款公司更好地服务新农村建设。目前小额贷款公司只贷不存的尴尬现实严重制约了其进一步拓展业务空间。它们受到资本金的约束，以及筹资数量不能超过资本金 40％的法律约束，其活动范围基本固化了。

第五，邮政储蓄银行应当将自身的改革分作两个部分进行，首先应当积极发挥金融机构的作用，高效快捷办理小额抵押贷款项目；其次不断完善和发展信贷产品，创立更多适合农民的信贷业务，为农村提供更多的金融服务。

第六，向其他具有农村经济建设经验的国家和地区积极学习，总结先进的经验，用于我国的农业建设中。例如孟加拉国的小额信用贷款模式。

## 四、扩大金融机构投资范围和方式

第一，准确定位各金融机构支农功能。农信社应将信贷重点放在农民消费贷款、农户小额信用贷款、种养业小型户、小型农牧业企业等领域；农发行在满足粮油收购资金需求的基础上，要将贷款重点放在水、电、路、田等基础设施建设上，除此之外要考虑农村循环经济、扶贫贴息贷款等政策性支农业务；农行应将信贷重点放在农业科技示范园区企业、种养大户及中小农牧业企业上；村镇银行、小额贷款公司和资金互助社等新型农村金融机构应将信贷重点放在农村个体工商户、小型企业及个人消费贷款等领域；其他股份制商业银行应以履行社会责任为出发点，适当增加支持新农村建设和特色产业发展的力度。

第二，将资金更多地投向农业科技领域。根据 2012 年中央一号文件指示内容，农业建设的重点是以科技引领农业高产，向科技要产出和效益。随着我国城市化一年 1 个百分点的增长，城市化对土地提出了更多需求，同时人口控制压力倍增，这对粮食需求构成了严峻挑战。面对重重压力，走专业化、机械化、信息化、组织化、科技化道路是未来提高农业效率的最佳途径。据相关资料统计，世界发达国家的农业科技成果转化率为 65%～85%，而我国仅为 30%～40%；世界发达国家的农业科技进步贡献率为 60%～80%，而我国只有 42%。因此，将农业发展与科学技术相结合是十分必要的，应有效利用科技方式，加强对农业开发建设的力度，以及对于创新性产品的推广力度。例如，2002 年中国种棉种业公司育成一大批品种优、抗虫性强的棉花新品种，较常规推广品种产量高 10%～20%，一些抗虫杂交棉新品种比常规品种增产 50% 以上，且能减少化学治虫成本的 60%～80%，累计增收 54 亿元。又如，河南省通过实施粮食科技工程，启动了超级小麦、超高产玉米新品种推广工程，5 年累计推广超过 533.3 万公顷，共增产小麦 38 亿千克，增加效益超过 60 亿元。

第三，加强水利基础设施投资强度。我国人均占有水资源量为世界平均水平的1/4，居世界第88位，被列为世界13个贫水国之一，农业用水占全国总用水量的62％，水资源紧缺是我国粮食安全的瓶颈。宁夏、吉林、甘肃、山东等地采用以色列的滴灌技术，既能节约大量水资源又能确保农业可持续发展。针对我国外汇储备已经超过3万亿美元的现实，建议我国将外汇储备的一部分用于进口国外先进的滴灌技术设备以便大规模推广节水，减少对粮食进口的依赖。根据中国灌排中心主任李仰斌初步计算，如果每年农田水利投入保持在800亿～1 000亿元之间，5～10年可改变"靠天吃饭"的状况。2011年5月，中国农业银行与水利部签订了5 000亿元扶持水利建设的战略合作协议，这为我国发展节水灌溉农业打下了坚实基础。

第四，加快农村产权抵押融资制度改革，扩大贷款抵押品担保范围。对于农民手中最重要的三项农村产权，即土地承包经营权、集体建设用地使用权和房屋产权（简称"两权一房"），我国的《中华人民共和国担保法》和《中华人民共和国物权法》对于土地承包经营权、集体建设用地使用权和房屋产权这三个产权进行了明确的限制。在2002年，这一制度有所改变。《中华人民共和国农村土地承包法》中明确规定："通过招标、拍卖、公开协商等方式承包农村土地，经依法登记取得土地承包经营权或者林权证等证书的，其土地承包经营权可以依法采取转让、出租、入股、抵押或者其他方式流转。"这为土地承包经营权的抵押提供了合法依据。

在保证经营管理合理合法的情况下，对于自身偿还能力较好的企业，可以尝试利用自身的经营预期、企业自有资产（不动产）一类的财产进行抵押担保，增加自身在借贷领域更为宽泛的借贷范畴。对于农民借贷问题上，更要选择具有稳定的资产抵押，针对具有特色的农业发展企业、需要资金周转的农民群体、农民工返乡创业等项目进行合理的借贷与投资。

# 第四节　社会资本扶贫政策措施研究

## 一、对社会资本扶贫政策的建议

农村地区改革的重点是要改变农村地区的贫困现状。不仅要进行大力度的扶贫措施，更要增加和规划资本积累。对于贫困人口的帮扶工作，应当将重点置于如何建立一个良好的社会环境，供当地人民进行自身的发展和规划。

在写作之初，笔者研究了社会资本的建立与扶贫工作的相关研究成果，社会资本对于经济建设是非常重要的，但是对于社会资本研究这一课题至今没有统一的说法。本书对社会资本研究的相关著作进行了整理，论述了资本社会的产生与发展，选定以微观角度研究本节中涉及的相关内容，根据中国现有的农村贫困情况，结合文献的研究成果总结出适应我国扶贫计划的建设性意见。

笔者在研究的过程中，首先总结以往的文献及案例，提出社会资本作用的假象；其次针对上文中提出的假设进行系统论证；最后对论证内容涉及的相关因素进行建模研究，根据建模结果提出具体可行的建议。本书得出的社会资本与农村扶贫的关系研究内容和结论如下。

第一，选取我国贫困地区作为样本，利用分层线性回归法分析不同类型的社会资本对于扶贫工作的作用。笔者尝试构建村级变量与家户变量的交互项，来验证该家户层面的社会资本变量的效应随着村级变量的增加是增强还是减弱。

基于以上的相关文献整理，得出以下结论：不同类型的社会资本对于居民的生活水平有不同的影响。一些传统的社会资本，例如家庭的转移性资金，或用于参与农村管理、维系人际关系等的投入，这一类的社会资本支出对于家庭的生活水平具有积极作用，即正相关。另外一些社会资本支出，例如对于政府政策或者金融机构政策的响应、外出务工的消耗，这一类的社会资本支出对于居民的生活具有消极作用，即负相关。

第三，以 CHIPS 数据分析社会资本在拥有不同资产的人群中，其作用是否存在显著的差异，主要是检验资本门槛存在与否及其对社会资本以及对于新技术采用的效应。实证分析的结论是，采用新技术改善家户福利存在着一定的资产门槛，只有当家户的资产超过一定门槛时，其对家户福利的正效应才是显著的。同时社会资本改善家户福利也具有一定的资本门槛，资产值较低时，家户投资社会资本并不能显著地改善其福利。社会资本能够显著地降低新技术采用的资产门槛，表现为在较高的社会资本水平下，采用新技术发挥正效应的资产门槛要么显著地降低了，要么不再存在显著的资产门槛。这说明了社会资本与家户的物质资产之间存在着某种互补性，特别是存在着某种高收益的技术时，资产较低的家户很有可能既无法通过采用新的农业生产技术来摆脱贫困，也没有能力通过改善社会资本状况来获得发展。该部分分析为差异化的扶贫政策提供了依据，即我们认为按资产水平从高到低，扶贫政策的重点依次应该是推广新的农业生产技术、农业合作组织（如农业产业化等）、直接的转移支付等。

第三，用基于多主体建模方法，构建了一个新技术采用的社会网络模型，分析不同社会网络结构下新技术采用的状况及其对经济总体福利状况的影响，同时模拟不同的扶贫瞄准政策干预的效应。我们考虑了三种形式的社会网络结构：与资产正相关的静态网络、随机的静态网络、与资产正相关的动态网络。仿真中的关键性假定是，采用高收益技术的资产门槛与主体的网络大小相关，具有较大社会网络的家户能以较低的门槛采用高收益的技术。仿真的基本结论是：在与资产正相关的社会网络中，改善穷人的资产状况以及降低自然风险，对于提高新技术的采用以及提高经济的总体福利具有显著的正效应；在无外在干预时，动态的社会网络可能会加剧经济的不平等性。在不同的社会网络环境下，不同的政策干预的效果存在着显著的差异。在静态网络中（不管是否与资产正相关），对处于绝对贫困线以下、资产门槛以下的主体的瞄准在提高经济产出方面的效应是最大的，但在改善收入分配状况方面的效应最低；对绝对贫困主体的瞄准则恰好相反，其提高总产出的效应最小而改善收入分配的效应最大。在一个可变的动态网络中，对绝对贫困人口的瞄准不仅能够在提高总产出方面取得最大的效应，而且在改善收入分配方面也可以获得最大的效应。

以上论述表明，在特定范围内社会资本即"穷人的资本"。基于这一理论基础，我国在进行扶贫工作的过程中要对属于贫困人口的社会资本进行研究和划分，提升贫困人口集体的社会参与意识和社会主人公意识，尤其是将自身与农村地区的基础设施建设、科教文化建设等相结合，这对于农村居民的生活水平提升具有积极意义。对于农村社会资本的调控和建构进行不断地深化和加强，扩大农村基层组织的内容，对于解决"三农"问题以及农村贫困问题具有重要意义。

## 二、扶贫措施研究展望

农村社会的扶贫工作与社会资本的关系研究是一个具有宏观性质的课题，调节社会资本是否能够推进农村扶贫政策的有效实行，近年来引起了诸多学者的广泛讨论。本书选取了课题中的部分因素进行分析和比对，限于笔者自身的知识层面以及水平，仍有部分问题并未得到有效的解决。具体分析如下。

第一，对社会资本的规划和界定长久以来都是一个极具争议性的课题，对于社会资本的不同定义导致这一课题的研究定论有所差异。本书中虽然进行了一定的研究和议论，将经济发展程度不同、社会层面不同的地区区域内的社会资本对于社会的影响进行界定。但是想要构建合理化的社会资本并提出一个具有建设意义的构建方式，道阻且艰。将现阶段盛行的新媒体与大数据相结合，研究区域内的人口生活水平以及社会资本体系，进而得出社会资本在相对稳定的环境下的建设发展模式，有助于建构具有稳定性的社会资本理论。

第二，社会资本是一个相对稳定的概念，在稳定的环境下具有说服力，但是一旦环境改变，社会资本的界定与划分也会出现变化。本书采用横截面数据进行研究，所建立的某些模型能够在一定程度上进行社会资本的分析，在数据关联性不断变化中得出社会资本的变化和对于家庭生活水平的影响，从而对社会资本的界定和建构产生更为深刻的认识。现阶段学者对于社会资本的研究较多，进行建模分析的学者也不在少数，但是社会变化的速度不断加快，真正能够适应社会资本建构的理论并不多。建立社会环境发展的大数据，对于进行社会资本的深入研究具有重要作用。

第三，社会资本与一定区域内部的人文环境、自然环境、经济环境和政治环境有十分密切的联系，与社会主体的思想文化素质、科学技术认知等也有紧密的关联。本书在针对社会环境的研究中，利用了假定的环境建构。如果能在实际生活中对某一社区进行具有针对性的研究，逐步分析社会网络关系，更能够展现社会发展变化，但是这种研究方式耗时较长，且需要较多的成本，是众多学者追求的研究方式，也是大家的努力方向。

第四，社会资本研究与扶贫工作的开展之间还存在诸多值得讨论的部分。目前，世界范围内仅有世界银行根据这一理论成果进行了实践性的尝试。在我国，这一领域的实践经验还比较匮乏，对于农村地区的扶贫手段还未与社会资本的构建相结合。不论是理论指导还是实践经验，都处于较为短浅的阶段，理论性建议未与实践相结合，便难以证明其准确性和增强其说服力。因此，以这一理论的研究成果作为指导，研究社会中的扶贫措施，提出具有可行性的意见建议，是专家学者未来的研究重点。

# 第五节　国外经验借鉴

## 一、国外农村金融发展情况

### （一）美国

美国农村金融机构包括商业农村金融机构、合作农村金融机构以及政策性农村金融机构。

商业金融机构。美国商业性金融机构主要包括商业银行、保险公司和经销商。由于美国商业银行，尤其是中小商业银行众多，形成了竞争水平较高的金融市场结构，对于农业信贷支持起着重要作用；保险公司主要提供长期农业贷款；而经销商则主要提供中短期贷款。

合作农村金融机构。美国农村合作金融机构包括联邦中间信贷银行、联邦土地银行以及国民合作银行。在20世纪20年代，美国发展较快的农村合作金融机构为信用合作社，随后出现了如"信用社全国协会"（CUNA）的行业协会和专门为信用社及其成员提供资金周转和保险等金融服务的机构，支持各种类型的信用合作组织的发展。1934年，美国国会出台了《联邦信用社法》，然后联邦政府成立了专门的信用社全国管理局（NCUA），同时在各州设立了自己的监管机构或专职官员。为了达到加强信息交流和有效监管的目的，各州政府于1965年成立了"各州信用社监督专员全国协会"（NASCUS），该协会由来自48个州及多个附属地的成员组成。

此外，美国还存在一些合作银行和带有合作性质的储蓄贷款协会或储蓄银行。其中，最有名的合作银行是国民合作银行（NCB）。该合作银行是由美国国会特许授权建立，起初曾获得联邦政府的资助，后来通过"私有化"实现了以合作所有制形式运营。国民合作银行在美国各地设有许多分支机构，开办各类金融业务，主要面向城乡中低收入群体。

政策性金融机构。政策性农村金融机构包括农民家计局（Farmer Home Administration）、农村电气化管理局（Rural Electrification Administration）、商品信贷公司（Commodity Credit Corporation）、小企业管理局（Small Business Administration），用以支持农业生产、农村公共设施建设、农业风险防范以及中小企业发展。

美国政府对农村金融机构实施了一系列的优惠政策，包括免除各种税赋，建立信用存款保险，农村合作金融机构不用缴纳存款准备金，并且农村金融机构具有独立制定利率的权利。

### （二）德国

德国农村金融机构分为两种，分别是合作型金融机构和政策型金融机构。

合作型金融机构。主要代表是德意志合作银行，德意志合作银行在农村金融市场之中占据较大市场份额。过去，德国为农业项目提供贷款的银行是雷发巽银行，为城市商业、小型工业提供贷款的是舒尔茨大众银行。1932年，以上两所银行正式建立合作机制，成立德意志中央合作银行，德国的合作型金融机构正式形成。德意志合作银行的经营内容分为三个部分，第一部分是基层合作金融组织，资金来源是农民、城市居民以及城乡中小企业，资金用于农村与城市地区的商业合作业务。第二部分是基层地区中的合作型金融组织，是以上三家银行的合作体。第三部分是德意志中央合作银行，中央合作银行根据现阶段国家发展的具体情况进行宏观调控，对于地区经济活动进行引导和约束，金融业务领域的主要业务是资金调控、金融项目的扩张、保险产品升级、征信体系建设等。德意志合作银行在经营中具有自主性和独立性，对于农村地区的政策运作与金融服务的创新与调整具有合理性和科学性。与此同时，德意志合作银行建立了完善的外部监督和内部监督体系，最大限度地降低了商业经营的风险预期，促进合作银行的不断发展。

### （三）法国

法国农村金融体系主要由法国互助信贷联合银行、农业信贷互助银行、大众银行和法国土地信贷银行组成。农业信贷银行是法国金融机构的主要组成部分，在农村金融领域中占据重要部分。同时，这一银行由三个部分组成，分别是地方金库、区域内部金库以及国家农业信贷金库。地方金库的资金来源主要依靠农民，这一组织对于农民的加入没有严格的限制，一旦农民退出这一组织，按照进入时签订的相关条约进行本金退还和红利分发。区域内部金库主要是协调一定区域内部的资金流转，管理政府对于农村地区的资金调配。国家金库的资金来源是政府、国家中央银行、社会上有一定资金能力的投资团体。国家农业信贷金库承担着对区域金库和地方金库的资金管理工作、贷款项目、结算业务等的协调监督。

法国是农业大国，农业经济在全国的生产总值中占据主要地位。20世纪 90 年代中期，国家农业人口占据总人口基数的 4.7%，农业生产总值占据国家生产总值的 3.9%。以上两个因素均高于多个发达国家的数据，可见法国农业发展具有领先于世界的先进性，基于这一原因，农业经济和农业金融在法国得到了良好的发展。自 20 世纪 20 年代起，法国逐渐形成了各种合作性金融机构同时并存的局面，最有代表性的 3 个合作性金融机构是互助信贷（Crédit Mutuel）、农业信贷银行（Crédit agricole）和大众银行集团（Banques Populaires Group）。此外还有合作信用中央局（Caisse Central de Crédit Coop ératif）和互助信贷全联合银行（Confederation Nationale du Crédit Mutuel）等机构。

法国农村金融机构执行国家农业政策，为社员提供金融服务的同时，实现了多元化的投资经营战略。法国的中央级和省级合作金融或农业信贷机构开展多种金融业务，有的已经转变为全能性综合金融服务机构，涉及银行、保险、证券投资、外汇等诸多领域。其中，农业信贷银行现已成为仅次于合并后的法国巴黎银行（BNP Paribas）的法国第二大银行，在2013年《财富》世界500强中排名第41位。法国政府对农村金融机构进行财政贴息，保证农村金融机构的持续经营。法国农村金融机构鼓励农业规模化经营，支持畜牧业发展，促进了农业现代化水平的提高。

## （四）日本

在第二次世界大战之后，日本政府为了稳定国内的经济发展，推行金融体制改革的政策，变革原有的金融体制，建立了以信用金融为指导的信用金库、信用协同组合、劳动金库、商工组合中央金库和农林中央金库等机构。重点是农林中央金库，这一机构面对的是农村地区合作事项。以上机构均受政府的主导影响，与地区基层组织进行合作，为基层地区人民的生产生活服务。

日本的合作金融是农协的一部分，具有独立的融资功能。农协的目的在于提高社员的经济和社会地位，入社自愿、退社自由，股金分红设定上限；农协作为农村合作金融的基层机构，主要为农户提供存款和贷款服务。信用联合会主要负责调剂各农协资金余缺，指导农协工作。农林中央金库负责协调全国信用联合会的资金，同时依照国家法令营运资金，指导信用联合会工作。

日本农村金融机构的目标是立足基层、方便农户，以农村社区和社员为服务中心，利率和分红存在着限制。通过设立信用保险制度、相互援助制度、存款保险制度、农业灾害补偿制度和农业信用保险制度，保证合作金融机构的运营。日本农村金融机构一方面可以独立运行、自主经营，有着良好的风险防范制度；另一方面，政府对农村金融机构进行引导、扶持与资助，政府在农村金融机构发展中起着重要作用。

### （五）印度

印度农村金融机构包括农村政策金融机构和农村合作金融机构。政策金融机构主要是国家农业和农村开发银行，为信用合作机构、地区农村合作银行以及从事农村贷款的商业银行提供再融资服务。印度农村合作金融机构主要包括农村合作银行和土地开发银行，农村合作银行提供中短期贷款服务，土地开发银行提供中长期贷款服务。合作银行包括三层结构：第一层是农村信用合作社，是乡村地区的信用合作机构；第二层是中心合作银行，是区域性的农村信用社的联合机构；第三层是中心合作银行。此外，印度有一些民间组织，如农村金融互助组，可以为其成员提供金融服务，满足穷人的金融需求；同时，互助组可以与银行建立信用关系，获得银行的信用支持。

### （六）孟加拉

19世纪末期之前，孟加拉国的农村金融机构主体是专门从事高利贷的放贷者。19世纪末到20世纪30年代，商人和地主是农村金融市场的主体，但两者地位的形成机制却存在不同。1885年，孟加拉国通过了土地租赁法，对地主收取的租金做出了限制，地主为了获取更高的回报，开始从事放贷业务。随着黄麻等农作物种植规模的扩大，种植者的信贷需求不断增长，伴随着外来资金大量涌入，农贸商成为信贷市场上的中间商。1930—1945年间发生了全球性的经济大萧条，外来资金逐渐减少，因此商人逐步停止了对种植者的信贷支持；同时，农产品价格体系的崩溃导致了种植业收益的大幅下降，因而地主也停止了对种植者的信贷，富裕的农户成为农村金融市场的主体。1945—1960年间，由于法律约束，商人和地主在进行信贷业务时十分小心，此时职业放贷者的作用越来越重要。1971—1988年间，放贷者的数量和多样性大为增加，职业放贷者、商人、富有的种植者在农村借贷市场上发挥着重要作用。[①]

---

① Alamgir. A. H. Dewan *Review of Current Interventions for Hardcore Poor in Bangladesh and How to Reach Them with Financial Services* [D]. Paper presented at the Credit Development Forum Work shop on Dropout Features, Extending Outreach and How to Reach the Hard-core Poor, BIDS, Dhaka, 1997.

　　孟加拉乡村银行创始人穆罕默德·尤努斯（Muhammad Yunus）于 1976 年成立了 Grameen 银行，主要服务对象是孟加拉国的穷困客户。尤努斯（Muhammad Yunus）发现，大多数村民无法获得利率合理的贷款，所以他用自有的资金进行放贷，从而保证村民可以用贷款购买项目需要的材料。随后，尤努斯（Muhammad Yunus）开始创办银行。他通过借鉴原有非正规金融机构贷款的经验，专门贷款给贫困家庭小组。贷款服务主要包括大米加工、畜牧和传统工艺。孟加拉乡村银行主要服务对象为贫困农民，尤其是妇女。金融业务范围包括提供存款产品、贷款产品、保险产品等综合产品。在贷款发放过程中，实行贷前、贷中、贷后全程管理，基本运行框架是采用无担保、无抵押、小组联保、分批发放、分期偿还的方式。贷款主要采用小组贷款模式，小组是在自愿的基础上组成的，当贷款发放给小组成员时，每个小组成员都有监督责任以保证自己不会出现还款问题。每个小组有 5 个人，按顺序进行放贷。这些 5 人小组每周聚集一次，这样银行职员可一次性接触约 50 个客户。根据规章，如果有成员违约，该组成员都将被拒绝给予贷款。合同充分利用了当地信息和社会资产，以保证合约的实行。这种机制关键在于一种非正式的保险关系，即社会关系约束没有抵押品的借款者。这个项目结合了非正规金融（如循环储蓄和信贷协会）小组贷款的优点和传统银行的优势，运用联合担保方式代替抵押担保，降低了贷款人的抵押品要求。同时，以小组为平台的相互监督和自我管理方式，为贷款人创造了互相学习的机会，也有助于降低银行的管理运营成本。

　　从乡村银行的经验可以看出，小组贷款模式在乡村银行的运营中起着重要作用。小组贷款之所以能够成功，一方面在于该模式起到了较好的激励作用，促进了小组成员互相监督，从而保证还款；另一方面，在孟加拉地区，小额金融机构较少，居民缺乏更多的选择，因此乡村银行成为他们获取资金的重要途径，小组成员重视还款，重视自身的信用，以保证自己能够及时从乡村银行获得贷款。合理的贷款方向的选择是乡村银行成功的关键，值得借鉴与学习。但这种模式也有缺点，如贷款人的贷款额度、信誉状况容易受小组其他成员的影响，个性化的需求难以得到满足。

## 二、对国外农村金融的思考

根据以上的内容我们可以明确，农村金融结构的提升与农村经济的建设有着密切的关系。"三农"问题的解决、农村经济的复兴、缩减城乡之间的差异等社会问题都依靠农村金融机制的发展。

总结各国的农村金融发展经验教训，再结合我国现阶段的农村发展，笔者认为，对于以下的方面要给予特别重视：

（1）政策性金融机构创建的必要性。农业生产的投入与获利具有长期性的特点，并且受外部自然因素的影响较大，具有一定的风险和不稳定性。需要政策性的金融机构能够遵循政府提出的政策，在政策、制度、资金等方面对农村发展中的短板问题进行帮助和支持，促进农村经济的发展。

（2）合作金融机构的重要性。在我国，农村居民的思想文化素质与城市有一定的差异，在信息的获取和传递方面具有一定的局限性。合作金融机构在农村地区的信息获取较为便利，信息的集群化能够降低农业信贷的风险，同时满足农村居民的经济需求。

（3）金融机构微观运营中的自主性。金融机构在自身的运营以及发展上，具有高度的自主性，能够凭借自身既定的相关规定进行业务的办理，确保农村金融机构的合理有效运转，降低农村金融中的风险，不断提升农村的经济水平。

（4）政府的稳健支持。农业生产受自然条件的影响较大，而农村的生产生活中农业占据较大比重。因此农民的生产生活也存在一定的风险和压力。对此，政府应当不断完善农村地区的基础设施建设，制定并且执行农村地区的经济合约，推动农村地区的经济合作，支持基层建立的金融机构，不断引导农村地区的经济建设向更稳健的方向发展。

（5）营造竞争的金融环境。金融环境中有不同种类的商品可以加剧产品之间的竞争，促进相同产品的优化提升，满足多种客户的经济需求，促进金融环境的蓬勃发展。

现阶段，我国的金融发展具有以下的独特性。

（1）农村金融受城乡发展的二元结构影响较大。随着我国改革开放和经济建设的不断深化，城乡之间的差异越来越大，农村与城市的生活水平与经济发展之间存在较大的差异。首先，城市中的商业银行具有较好的发展预期，能够在城市中针对大中型企业进行业务流转和盈利。其次，我国农村经济中服务农村市场的金融机构规模较小。在这一结构的制约之下，农村与城市之间的经济发展差距不断扩大，久而久之城市经济水平不断提升，农村经济水平则每况愈下，农村经济就成了我国经济发展的薄弱环节。

（2）农村资金供给缺失。我国农村金融发展中金融机构覆盖不全面、业务办理内容不完善、信贷流程较繁杂、金融抵押品种类较少等问题十分严重。农村信贷问题中，对借贷人的信息获取不完善，影响信贷资金的回收。

（3）农村金融需求受现阶段经济局势的束缚。农村居民的经济需求一般分为三个类别，其一是资金需求，由农民的经济收入充足与否决定；其二是信用需求，主要依靠农民现阶段的储蓄积累和消费水平之间的关系产生；其三是在前二者基础下发展的社会金融服务需求。农村居民处在主要是以农业生产为主的自给自足的生活状态，进而在农村经济中货币的交易性需求较低，同时，农民的购买力水平较低。

（4）农村金融监管体系与农村金融现状之间的矛盾。我国的经济建设不断发展，农村地区的经济发展水平正在逐渐向城市化的水平过渡，但是农村地区的经济建设以及金融建设积重难返，在进行现代化建设的过程中出现了诸多问题。从2006年开始，我国银监会出台了相关政策，逐渐放宽农村地区的准入机制，积极鼓励城市企业向农村发展，鼓励和支持各类金融机构扩大自身在农村地区的覆盖面积，不断推进"三农"问题的整治进程。以上诸多措施都意在推进农村地区的经济建设以及金融发展。由此显现出的问题也越发严重，农业生产存在低盈利、高风险、弱市场的特点，并且农村经济自身的经营风险也高居不下。因此，农业金融的发展是"三农"问题中最重要，也是最薄弱的环节。农村金融与经济发展面临众多严峻考验，加剧了农村金融监管与金融发展水平之间的矛盾。

（5）农村金融体系构建缺失。回顾近年来的农村金融体系改革流程，其中最大的问题是改革的方式方法未和农民实际的金融需求相结合，未进行整体的金融体系的构建，导致农村金融改革久久不见成效。1996年，我国出台农村金融体制改革试点方案，方案已经正确认识了农村改革具有的丰富性和多样性，改革急需建立一个系统的、完整的金融体系，并提出建立合作型金融机构，即商业型金融机构与合作型金融机构互相协同合作。但是这一理论思想却没有获得显著的成效，造成了农村金融机构形式单一，覆盖面积较小，难以满足农民的金融需求。

为解决这一问题，进行了农村经济建设改良。现阶段，农村地区的经济建设改良适应了现阶段农民的生活需求，得到了广大农民的支持，得以迅速发展，缓解了农村资金供给不足的问题。农村金融在建设过程中，创建了诸多金融产品来填补农村金融体系的缺失，增强了农民重建经济的自信心和积极性，提升了农村经济的发展水平，降低了农村信贷环节的风险。以上诸多因素，对于农村金融的建设都具有促进作用，为农村金融发展提供了良好的改良开端。

# 第八章　新农村现代农业园区研究

农业园区是农业发展的大势所趋。它具有科学化、一体化的双重特点。它与农村金融的发展息息相关，本章将详细阐述新时期农业园区的特点，就如何建设新农村农业园区提出独到的看法。

## 第一节　现代农业园区的内涵及特点

### 一、现代农业的概念

现代农业是 20 世纪 70 年代在传统农业的基础上提出的新概念。长期以来社会对于现代农业的定义就是将农业生产与高新技术相结合，不断推行农业科技化、农业机械化以及农业智能化，能够最大限度地提升农业生产的效率，获得更多的经济收益。学者李国领指出，现代农业的基础是满足农产品供给、提升农民的经济收入、保护生态环境使其可再生发展，在此基础上进行农业与生物技术、信息技术的结合，这是农业现代化的核心环节。学者方淑荣认为，现代农业的基础是现代工业和科学技术，将传统农业中可再生的资本不断完善，加强农业的基础设施建设，并且结合现阶段的工业发展水平与市场经济发展步伐，依靠现代化的管理理念不断创新，衍生出相关的农业产业，建设出拥有一套完整的农业经营产业链的综合性经营企业。学者魏德功认为，现代化农业发展的终极目标是"未来农业",现代农业则是介于传统农业与"未来农业"之间的发展阶段。现代化农业的发展基于农业企业的科学化经营管理,相关产业的利益共享与联合,相关产业的组织化、集群化发展。现代农业不是单一的种植业或者是养殖业,而是包含了产品的生产,二次甚至是三次加工的产业集群。将原有的第一产业的生产链不断扩展至第二产业、第三产业。

梳理了多方的相关文献后,笔者认为,现代农业的定义应当是以现代的生产管理方式进行经营、以科学技术的发展作为支撑、以各个相关产业的不断发展和完善作为产业链,发展农业以及农业服务行业的完整体系。

## 二、现代农业园区的内涵

在我国,农业科技园的形成和发展都处于初级阶段,目前还没有一个具体的定义进行界定和概括。学术界和有关部门经常将农业科技园称为现代农业园区、现代农业示范园区等,科技相关的部门将其称为农业科技园区。专家许越先认为,现代农业科技示范园将高科技与高资金用于以农业为主的产业园的经营中,以获取更高的经营效益,将示范园打造成一个高新科技、产业集群、企业化经营的农业企业。专家黄冲平认为,在现代农业园中,农田是基础设施,加之现代化的经营管理、生产方式而形成的农业生产区。学者张天柱等认为,现代农业园是对原有的传统农业进行生产效率的提升,将农业生产的效率问题交由工业技术解决。在对农业园进行一定程度的科技投入、资金投入,并且引进现代化的基础设施和科学技术,学习并且实施现代化的管理制度,提升农业生产的运行效率,保护农民的经济效益,保护农村的生态环境,将农业经济发展与农村的可持续发展相结合。

笔者经过研究,认为现代农业园以提升农业生产效率为建设目标,将高新科技作为调整农业生产结构的关键因素,将以农业生产为主的第一产业逐步向其他产业类型扩展,建立多种产业良性发展的集群化产业区,对于农村经济的建设和发展具有推动作用。

根据以上内容我们可知,目前社会各界对现代农业园的称呼有所不同，例如农业高新技术园、科技园、示范园等。虽然对于这种新型产业的名称各界仍未达成一致，但现代农业园的经营目的是进行农业现代化建设的推进，早日实现农村经济的复兴和"新农村"的建设是无可争议的。

## 三、现代农业园区的特点

### （一）技术现代化

就现阶段我国整体的发展趋势而言，科学技术仍旧是第一生产力。农业的现代化发展离不开科学技术水平的提升。农业生产与科学技术相结合能够提升农业生产的效率，增加农民的收入，促进农村的经济发展。将农业与现代化相结合，采用自动化机械或者半自动化机械进行农业生产，能够提升农业产量，确保产品质量。实现技术现代化的主要措施有：引进高端科技，建立符合农业科技园的大信息技术，建立科技创新中心、技术培训中心，研发农业品种，推广更为环保便利的农业培育方式，例如温室调节、节水滴灌、无公害品种，等等。

### （二）功能多样化

现代农业园区，除了能生产高效优质的农产品外，其优美的园林式建设、大面积的林木覆盖、较高的生态贡献率，为人们的休闲、旅游、度假提供了良好的场所。

### （三）效益最大化

农业科技园的建设目的在于获取更大的经济效益。这一目标的达成基于对农业生产地区自然资源的合理利用，对于自然环境的合理保护，农业生产的科技化提升。以科技化的农业生产为基础，衍生出相应的服务型产业、旅游业等与之相关的产业，形成具有时代特色的产业园区，扩张农业生产的规模，整合农业的相关企业，提升农业发展中的持续性和收益性。

### （四）管理企业化

现代农业园区采取现代企业法人治理制度，使管理主体的有效性得到了充分的保障。科研、生产、市场等诸多要素被紧密结合起来，使资源的利用效率得到了最大限度地提高。

## （五）环境园林化

农业科技园的建设不仅代表了农业生产的水平，更能够体现一定区域内对于自然环境的维护力度，对于人文环境的创建水平等。因此农业科技园应当秉承以人为本的建设理念，将人文、自然、农业生产相结合，创建出一个富有人文气息及环境美学的农业科技园区。这样的设计不仅能博得消费者的青睐，更加能吸引投资者的眼球。

# 第二节　现代农业园区研究现状

农业科技园是农业生产中的技术密集型企业，将科技的引用、研发、推广作为经营的主要内容。旨在促进相关产业的优化升级，农村经济的复兴发展。

## 一、国外现代农业园区发展及研究现状

### （一）国外现代农业园区发展现状

欧美等资本主义国家具有丰厚的资本原始积累，在进行了城市化建设后，科学技术水平得到了飞跃式的提升，农业生产作为国家建设的一部分更是受到了现代化技术的洗礼。农业生产为了跟随城市现代化的进程，也发生了重要的变化，将高新技术引入农业生产并且与之相结合，实现农业的现代化，就是其中重要的改革部分。

欧美发达国家的农业科技园区是将农业生产与现代化技术相结合，以展示的形式向农民、学生以及社会各界宣传农业的革新。是由三种不同的模式组成：示范农场（Demonstration Farm），将先进的生产方式作为展示品向社会宣传；假日农场（Vacation Farm），主要用作农业休闲以及观光；教育农场（Educational Farm），面向学生提供相关的农业知识和教学服务。

### （二）国外现代农业园区发展特点

各个国家的市场发展程度不同，自然资源以及人文风情也有明显的

差异。因此，各个国家的农业科技园存在着不同的亮点与经验。下文选取经营机制和科技支持两个方面对农业科技园的建设和经营作具体分析。

1. 园区运行机制特点

国外农业科技园具有以下几个特点。

第一，政府的大力扶持。在农业科技园的建设过程中需要一定时间进行研发，需要较大的资金流运转，因此政府给予了科技园大力的支持。在政府帮扶下，科技园研发、示范、推广的过程会更为便利。

第二，管理机制的科学合理。成功的农业科技园能够协调各个相关产业进行有效的合作，发挥不同产业的优点，建成科学化的产业集群。政府从中科学引导，通过中介机构进行传达，减少政府对于科技园的束缚。政府的角色是支持但并非决策，科技园主要依靠市场的不断调控进行自身的发展。

第三，金融支持的合理有效。政府对于科技园的金融支持可以缓解科技园的市场风险和金融压力，促进科技园的产品研发和推广。各国政府在不同的阶段利用与市场发展相适宜的方式进行合理有效的帮扶。例如建立健全投资体系和风险管控，利用金融工具进行信贷鼓励和引导，吸引社会资金流，从而保证科技园的良好运转。

第四，经营环境的稳健。在科技园建设的过程中，政府营造了良好的建设环境，在金融机构、税收制度、法律保护等方面为科技园创造了一个稳定发展的社会环境。并且在科技园建立的过程中不断进行人文主义建设，增强科技园的核心竞争力。

2. 园区技术体系建设特点

国外农业科技园的建设过程中，在技术引入、技术支持、转化机制这几个方面有十分先进的经验以及成果。

第一，将科技园的建设与大学科研项目结合。在国外，诸多科技园产生的源头在于大学科研项目。大学校园里有众多的高新技术人员，在进行产品的研发和应用上具有一定的产业的代表性。大学科研项目能够在短时间内有效推进科技园的产品技术扩展，在研发的过程中能够最大限度地提升科技的融入质量和数量。另外，大学科研项目也为产品研发提供了宝贵的经济技术支持。

第二，建立健全完善的支持体系。国外的科学技术水平远远高于国内，因此能够为农业科技园的建设提供稳健的技术支持。除了技术支持以外，国外还为农业科技园的建设提供了政策支持和资金支持，建立健全了完善的支持体系。

第三，确立完备的转化机制。科技成果转化就是将科技成果转化为市场产品，将高新技术运用于农业生产及产品的开发推广。这一转化过程需要由中介部门、联动部门、分配部门共同完成。建立完备的转化机制有利于实现科技与经济的有效结合，将科技、农业、市场连接为一个有机整体，快速高效地将产品投入市场，获得更多的经济效益和社会成果。

### （三）国外现代农业园区理论研究现状

某一新兴产业的崛起注定会引起相关学者以及社会各界的研究和讨论，随着农业科技园的不断发展，国内外的相关专家对其进行了大量的研究，对其经营理念、影响因素、相关理论等都做出了评价。本书也将对农业科技园的现阶段理论研究基础和评价系统进行一定的分析。

1. 基础理论研究

在基础理论研究方面，国外主要提出了农业区位理论、技术创新理论、发展极理论、技术诱导变革理论、复合生态农业理论、系统工程理论等几个具有代表性的论说。

（1）农业区位理论。德国农业经济学家约翰·冯·屠能（Johann Heinrich Von Thünen）在 1862 年正式提出了农业区位理论，这一理论重点分析了土地人文环境对于农产品生产的影响，结论指出：对于农业划分应当依据城市的位置，选择城市周边适应不同的农业类型发展的土地，因地制宜进行农业建设。这一理论对于土地资源的高效合理化利用、城市与农村的合理化布局以及现代化农业建设具有重要意义。

（2）技术创新理论。1926 年，美国经济学家熊彼特（Schumpeter）提出了技术创新理论，该理论指出：农业科技园区的建立就是对于传统农业和现代化农业过渡中的创新手段，现代化农业建设中的农业科技园应该加大对于科技的投入。将农业生产的相关要素进行现代化和科技化的改良，加之科学技术的相关投入，创建出收益更大、产品更丰富、管理更先进的农业企业。

（3）发展极理论。法国学者佩鲁（Perroux）在1950年提出了发展极理论。集群性产业的创建和发展与地理位置的关系并不大。集群产业的产生是由于某一行业的良好发展能够适应当时经济环境，产生了良好的社会效应，从而衍生出更多的相关产业，进而产生产业集群这种现象。

（4）技术诱导变革理论。该理论由美国学者费农拉坦（Vernon W. Ruttan）和日本学者速水雄次郎提出。理论主张在进行农业科技园的建设中必须将自然资源的配置和供给作为建设基础，在进行科学技术的引入时必须考虑到选定区域内的人文环境和社会情况，在以上二者均能和谐共处的情况下进行适当的调整。这对于现代化园区的建设以及发展具有重要的作用。

（5）复合生态农业理论。该理论由学者罗杰斯蒂（Rogers）提出。他认为农业现代化建设的核心应该是复合农业生态化发展。将合理利用自然资源以及生态环境的可持续发展作为建设目标，将高新科技的加入作为研发手段，使园区稳健、高效、协调、互惠发展。

（6）系统工程理论。这一理论采用动态的角度看待农业科技园，农业科技园的内部与外部应当协调发展，创建一个稳定良好的发展空间，合理利用自然资源与地域优势，整合园区内部的发展，创建最佳的经济效益。

2. 评价体系研究

国外学者对于农业科技园的研究有一定的针对性，对于科技园的体系评价是他们关注的焦点。最早对科技园的体系进行论证的学者是埃弗雷特·M·罗杰斯（E. M. Rogers）和朱迪恩·K·拉森（J. K. Larsen），这两位美国学者运用定性分析法考察了"硅谷"的出现并对其发展的过程进行了考评，最终得出"硅谷"是由于"凝聚经济效应"的作用而形成的。在此之后美国对于科技园的研究方向主要集中于对科技园的区位因素判定和成功因素分析。发达国家在农业科技园的建设中已经具有一定的成果和先进经验，研究其经营和管理的相关理论和实践对于我国的农业科技园建设都具有借鉴作用。

## 二、国内现代农业园区发展及研究现状

### （一）国内现代农业园区发展现状

我国现代农业园区建设始于 1994 年，至今已经历了四个发展阶段，即：起步探索阶段（1994—1996 年）、快速发展阶段（1997—1998 年）、急剧膨胀阶段（1999—2003 年）和平稳发展阶段（2004 年至今）。

现阶段，我国的农业科技园基数较大，种类繁多。按级别分为国家级、省级、地市级、县级等，按经营类型分为种植业、养殖业、加工业以及种养加结合型等，按功能大致可分为农业科技园区、休闲农业园区、现代农业示范区、农业产业标准园区、水土保持示范园区、台湾农民创业园、农业大学科技园区、农科院（所）科技园区、都市农业园区、农产品加工与物流园区等。但是诸多农业科技园经营效果不尽如人意，在自身发展的同时又能够对当地经济建设起到积极作用的园区少之又少。不同级别的园区相对比，国家级科技园区的经营发展状况更为良好。

2017 年，经科技部批准的国家农业科技园区（试点）有 246 个，省级农业科技园区超过 1 000 个，地市级超过 4 000 家。农业部有 283 个国家现代农业示范区，还有 14 个海峡两岸农业合作试验区和 19 个台湾农民创业园。

现代农业园区在发展的过程中还衍生出了其他分支，如现代观光农业园、现代农业产品物流园等。

我国的观光农业是在 20 世纪 80 年代后期兴起的，首先在深圳开办了一家荔枝观光园，然后又开办了一家采摘园，随后一些大中城市如北京、上海、广州、武汉、珠海、苏州等地相继开展了观光休闲活动，开办了如北京的锦绣大地农业观光园、上海孙桥现代农业开发区、广西南宁八桂田园、无锡马山观光农业园、扬州高冥寺观光农业园等，山东的枣庄万亩石榴园、平度大泽山葡萄基地、栖霞苹果基地、莱阳梨基地等都取得了很好的经济效益，有效促进了当地城乡经济的快速发展。

## （二）国内现代农业园区发展特点

国内农业科技园不断发展，经营项目逐渐走向正规，对于国内的农村经济建设起到了促进作用。近年来，随着农业科技园的建设不断深化，加强了农村的基础设施建设，促进了农业的现代化建设。随着经济建设的不断发展，出现了一系列的农业产业，对于相关的产业具有积极的引导作用，增加了农村居民的经济收入，提升了农民的生活水平。

目前，我国农业发展进入了一个崭新的阶段。首先，农业科技园的建设正稳步发展。科技园建立之初具有一定的盲目性，没有明确目标，盲目追求建设热点。近年来，园区的建设更为理性，取得了显著成就。其次，民营企业对于园区进行了大规模的资金投入和技术支持。最后，农业科技园的性质正在由传统的农业种植经营向观赏型、休闲型的科技园区转化。

根据运行机制和技术支撑体系不同，我国现代农业园区大致可以分为：技术引进创新型、自主创新主导型、技术示范推广型、综合创新型四种主要类型。

（1）技术引进创新型。这是我国数量最多的一种园区类型，上海孙桥现代农业园区是其中的突出代表。该园区利用园区内先进的设施，引进国内外新品种和新技术，采用与区外的科教机构联合攻关、引进大型企业设立研发机构等多元合作技术创新模式，在对新技术进行消化吸收的基础上，根据园区及周围区域产业的需求进行自主的研发创新，并构建技术规范和产品质量标准，利用核心区这一窗口的示范和辐射作用，将集约化、规模化经营部分转移到周边及外省市的基地和园区，引进和创新的技术随之得以推广和扩散。

（2）自主创新主导型。杨凌农业高新技术产业示范区是典型的自主创新主导型园区。该园区是我国目前唯一一个经过国务院批准建立的国家级农业科技示范园区，示范区以西北农林科技大学、杨凌职业技术学院、陕西省农科院等院校和科研机构作为技术源头，与全国超过 50 个县市地方政府、企业等建立了科技合作关系，建立科技示范基地 47 个、科技专家大院 35 个，科技成果推广创造的直接经济效益超过 190 亿元。杨凌农业高新技术产业示范区在国内率先提出并积极探索以大学为依托的农业科技推广新模式，形成了集现代农业高新科技的自主研究、开发、转化和生产经营为一体，以高新技术、新品种的自主创新、技术成果的转移、龙头企业的吸引或培育、中小企业的孵化和培育为重点的现代农业园区，具有技术密集、人才密集、企业密集和产品技术含量高的特点。

（3）技术示范推广型。一般是指县乡级示范园区或综合型园区体系中的基层园区。其核心任务是从外部引进或承接上一级园区的农业新技术和新品种，然后发挥他们与农户紧密联系的优势，通过示范、培训和推广等手段，引导和带动农户使用新技术和新品种，促进农业产业结构调整。

（4）综合创新型。上述各类园区的综合体，包含自主创新、引进创新和示范推广等各种创新类型。其功能齐全，承担任务较多，目前试点的 36 个国家现代农业园区的未来发展目标大都属此类型。

## （三）国内现代农业园区研究现状

中国学者的相关研究与外国学者具有相似性，在研究中也曾将课题定位于现代农业园的自身特点、功能发展、运行流程和管理方式等方面。但是国内研究更为突出的方向在于对现代农业园运行流程和技术支持的课题研究。

1. 基础研究内容

（1）类型

何志文等学者对于现代农业园做了系统的研究。他们认为现代农业园区按照不同的划分标准有不同的类型。例如按照立项来源划分，可分为国家级农业科技园、国家级农业高新技术开发区、工厂化高效农业示范区、持续高效农业示范区、现代农业科技园区、国家级农业综合开发高新科技示范区、省市级农业科技园区；按经营方式可分为政府主办型、院地联营型、民间兴办型和官办民助型；按生态类别可分为城郊型、平川粮棉生产型、丘岗山地生态型、治理生态和保护环境型的科技园；按示范内容可分为设施园艺型、节水农业型、生态农业型、农业综合开发型、"三高"农业型和外向创汇型的科技园。

（2）特征

许越先等学者认为现代农业园区有"三个特征点"：一是我国农业生产力发展新的制高点；二是我国农业现代化建设新的生长点；三是农业科技与农村经济结合的紧密型结合点。何志文等学者提出现代农业园区基本特征是：科技、生产、市场于一体；产前、产中、产后一条龙；设施、品种、技术相融合；生物工程、农业工程、农用新材料多学科相结合；高新技术、常规技术、传统技术组装配套；企业化管理，规模化经营，专业化生产，实现周年均衡生产；调剂供应市场，提供高科技含量、高附加值产品和高产、优质、高效的现代化农业发展模式。

（3）功能定位

国内众多学者认为园区的基本功能主要包括：精品生产加工功能、龙头带动功能、盈利功能、示范功能、试验功能、辐射扩散功能、聚集功能、孵化功能、培训教育功能、保护生态和旅游观光的功能、科学技术普及功能等。

（4）运行模式

蒋和平总结我国各地现代农业园区共有11种模式。分别是：农业高新技术走廊模式，"政府＋企业"运行模式，地方政府与高等院校联营模式，高效农业示范园模式，农业科技企业开发模式，"公司＋农户"型的运行模式，外向型高科技农业园模式，工厂化农业开发区模式，持续高效农业示范区模式，农业科技示范模式，农业技术推广模式。

（5）管理体制和模式

蒋和平提出北京农业科技园的三种管理类型：即政府主导型管理模式、企业主导型管理模式和农户主导型管理模式。李旭霖认为要对国家级园区实行竞争机制下的动态管理和分级管理，实行申报、评审和年度考证制度，园区管理实行规划管理模式和现代企业制度管理模式。卢凤君研究了国家级园区的组织体系建设，认为政府、企业和协会作为园区组织体系的三大构成主体，分别对应于园区管理委员会、园区开发实业集团和园区发展促进会。

（6）基础理论

蒋和平、许越先、朱清海等学者对农业区位论、增长极理论、系统工程理论、生态农业理论、技术创新理论、高新技术改造传统农业的理论、孵化器理论、风险投资理论、产业集群理论、集成创新理论等做了有益的探讨。

2. 重点研究内容

国内学者把园区运行机制和技术支撑体系作为重点研究内容，取得了一定的成果。在园区运行机制方面，提出了以下几种观点：

（1）机制创新是园区发展的生命力

黄冲平采用现象分析和实例验证结合的方法，以浙江省现代农业园区为案例，证明了农业园区存在和发展的必要性，指出进行投融资、管理模式等运作机制的创新是其成功的关键。蒋和平提出，农业园区的生命力在于创新，要大力促进科技创新与机制创新，要树立技术优先、机制优先、效益优先的新观念。

（2）按照市场经济规律运作是园区成功的关键

农业园区运行机制按照市场经济规律、农业科技开发和应用规律的要求，充分发挥市场机制在农业园区建设和科技要素资源配置中的基础调节作用，多形式、多层次搞活园区建设机制，增强园区建设的生命力，是现代农业园区具体运作的关键。周小琴指出，目前我国现代农业园区运行机制创新途径有两条：一是在条件不成熟的地区，采用承包制、租赁制等形式经营；二是对条件成熟的地区，积极运用现代企业管理体制来创办现代农业园区。

（3）现代化企业管理机制是现代农业园区运行机制的核心

周小琴和蒋和平认为，随着现代农业园区的逐步成熟，经营机制企业化是大势所趋。管理现代农业园区要打破传统的小农经营模式，建立一套与现代农业发展相适应的园区运行机制，按照公有制实现形式多样的原则和"三个有利于"的要求，进一步放宽放活有关政策，在园区内建立"产权明晰、权责明确、政企分开、管理科学"的现代企业制度，用规范化的现代企业管理制度来管理园区。

（4）现代农业园区运行机制的运作是园区成功的关键

现代农业园区运行机制是指维持园区建设、正常运转及进一步发展的诸多内在、外在因素的有机组合。

徐克勤针对目前我国现代农业园区发展的实际水平，提出应着重培养投融资机制、技术创新机制，建立灵活、有序的人才管理机制以及健全的土地流转机制。蒋和平指出，现代农业园区总的方向是充分发挥市场机制的作用，借鉴现代企业管理经验，在互惠互利的基础上，运用公司制、股份合作制、科技承包制、联结农户合同制，来搞活园区。黄修杰以广东省为例，探讨了现代农业园区资金筹措机制、土地流转机制、技术选择和扩散机制、人才利用和激励机制、经营管理机制和市场开拓机制等。

在园区技术支撑体系方面，国内研究围绕着农业科技创新体系（技术诞生）、农业科技应用系统（技术应用）、农业科技推广（扩散）系统（技术普及）等几个方面展开。具体分析如下。

第一，农业科技创新系统。国内园区的科技创新支撑体系主要由高等农业院校、农业科研机构和龙头企业的研发中心等主要要素构成。张浩认为，农业技术创新通常是内在动力和外在动力共同作用、共同促进的结果。但在具体的部门内部仍缺乏创新的内在动力，表现在主动创新精神单薄、创新手段薄弱两个方面。必须通过创新机构、创新基地、创新机制、创新资源和创新环境等各方面建设，建立起科技创新激励机制，并建立一支高效精干、素质优良、富于创新精神的农业科技队伍，使之更好地为"三农"担负起科技支撑的责任。徐超认为要实现对现有的农业科技创新系统的改革，必须做到：统一认识，加强领导，加快多元化的农业科技投入体系的创新，为农业科技的发展与创新创造良好的条件；引进技术市场竞争机制，加速建立新型农业科技创新体系；建立新型、开放、流动、竞争、协作的农业科技发展运行机制；加快农业科研机构和服务体系的创新。

第二，农业科技应用系统。朱翠林提出，农业科技成果本身的质量、农业推广体系、农民对农业科技成果的需求及农业教育与农业科研、农业推广三者之间的关系等方面均会对农业科技成果转化和应用产生影响，因此为了促进农业科技成果转化和应用，一要改革农业科研管理体制，提高农业科技成果本身的质量；二要加快农业推广体系的改革和创新；三要采用多种方式刺激农民对农业科技成果的需求；四要协调农业教育、农业科研和农业推广三者之间的关系，创建"三农"互利合作新模式。徐超认为，农业科技应用系统中农民主体地位的确立是该系统良性运转的关键，因此一方面要不断提高农业技术应用者的农技应用能力，另一方面农业技术研究者和推广者要面向市场，满足应用者的要求。

第三，农业科技推广（扩散）系统。我国农业技术推广系统由多级部门构成，包括国家、省、市、县、乡等。县、乡两级的农业技术推广部门，是推广体系的主体，是直接面向农民、为农民服务的。徐超认为我国的农业技术推广系统在农业技术推广中存在着人员数量多、专业素质较差，经费严重不足、开展工作困难，管理体制不顺、职能发挥不平衡，非政府部门的推广机构参与度提高但有局限性等问题。因此改革的思路应为，重新界定农业技术推广现有的四大职能，改革机构设置、人员配置、用人机制、经费收支制度、管理体制，鼓励非政府机构的参与等方面做出努力。

## 三、国内现代农业园区未来发展趋势

### （一）农业园区建设和发展中存在的问题

现阶段，我国农业科技园主要存在以下几个建设问题。

（1）建设目的不明确。近年来由于工业、商业发展并不理想，导致工商业投资者转向农村经济中谋求发展。盲目追求经济利益和发展前景，建立农业科技园，但是在园区经营流程以及前景上难以明确，经济利益更是无从谈起，反而浪费了农村的土地资源和自然资源。

（2）土地利用不合理。由于科技园建设之初就有投机取巧的意图，导致科技园盲目扩大。社会投资者在圈地的过程中未明确土地的使用目的，往往在进行科技园建设不尽理想的情况下出手转让或者是进行土地买卖，造成了资源的闲置和浪费。

（3）财政依赖较严重。一部分科技园的建立初衷并不是将农村经济发展作为重要部分，而是谋取政府的财政支持。科技园经营者在科技园的管理中缺乏科学的管理理念，运行流程不尽合理，经济效益低，入不敷出，正常经营都难以维系。建立一个机制完整，项目健全，具有市场竞争力的农业科技园需要大量的资金补充，而农村对于资金的需求以及现存的农村地区的资金短缺问题在前文中已有论述。政府的帮扶工作不到位，农业园自身的资金基础往往难以满足科技园建立的资金消耗。并且农村地区的信贷问题短期内难以得到良好的整合和运行，商业银行对于农村地区信贷的流程复杂、审核烦冗、期限较短，均难以有效解决农业科技园所面临的资金问题。

（4）经营状况不理想。经营科技园切记不能盲目扩大经营项目，也不能靠单一的经营项目维持生计。部分科技园单一种植农作物，经济收入十分低下；部分科技园盲目扩展经营领域，华而不实，多而不精，反而成为科技园发展的绊脚石，导致科技园经营不善。农业科技园在建设过程中，发展地主要集中于乡、县一级的基层组织，这一类的科技园在发展的过程中，与国家级、省市级一类的科技园具有较大的差异，缺少具有领导能力的企业进行指引，在发展的过程中，产品类型较为单一，产品的科技含量具有明显的差异性，产业的主导力量较弱，这是导致经营不利的原因。

（5）管理理念较保守。部分科技园的管理理念仍然停留在早期农业生产的阶段上，采用粗放的管理方式，基础设施建立不完善，导致园区发展捉襟见肘；技术投入不健全，在产品的研发方面往往难以跟随时代发展的节奏；人事调配不科学，在组织建设的过程中难以进行高效合理的人才利用；市场意识不明确，在推广产品的时候难以达到预期的效果。以上种种致使科技园的经营每况愈下。

（6）政府监管不稳健。基层政府对于园区的管理存在一定的疏漏，在土地、林地的流转权限与使用监督方面存在较大的问题，往往会出现管理政策完善而实行效果不规范、不到位的情况。

## （二）农业园区研究展望

近十年以来，农业科技园已经成为农业与科技相结合以及农业现代化建设的平台、农业科技企业的发展摇篮、农业科技化培育基地，其社会效应和社会影响在不断扩大。众多学者对于农业现代化的研究正不断深化，对于农业科技园的建设定位、管理流程、运行手段、技术引进等相关的研究层出不穷。虽然研究领域和课题不断深入，但是在这一领域的研究建设仍处于初级阶段，需要完善的方面还比较多。

现阶段，我国农业科技园的建设存在诸多问题，例如园区覆盖面并不完善，科技与农业产品的结合程度还未上正轨，企业经营对于社会和农民的吸引力较小，园区内部未形成主导产业带动衍生产业发展的良性环境，企业的产业集群化程度较弱。由于地区性差异，导致我国东部与西部的农村建设存在一定的差距，这对于我国现阶段的农业科技化发展提出了相关的要求。"十二五"科技发展规划将对于农业科技化发展的流程进行更多的规定，例如生态环境的治理和保护，农村地区资源和土地的利用效率的提升，农业环境与农业生产中风险等级的评估。可以看出，我国对于农业的建设并不仅限于经济利益的获得，更多的是维护环境与资源的可持续发展，农业产品的安全与健康，等等。因此，我国的农业科技园建设应当在以下方面进行改良和突破。

（1）科技园建设机制的完善。将园区内部建设成为一个机制完整、运行高效、科技高端、人才汇集的现代化农业产业，不断推进科技园的体制机制创新，谋求更长远的发展道路。

（2）农业与科技的不断融合与转化。建立健全的人才引进与培养机制，不断完善园区内部的创新精神，将高新科技不断运用于农业发展。

（3）提升科技园的串联能力。准确定位园区内部的主导行业，集中发展主导行业，增强行业竞争能力。支持衍生行业的完善和发展，建立集群产业，促进科技园的产业引导和带动能力。

（4）提升科技园的核心竞争力。不断调整园区内部的产业结构以及发展重点，将产业结构与科学技术相结合，发展最适应当地自然条件和人文条件的产业。探索产业的良性发展机制，提升企业的核心竞争力。

（5）深化了解区域内部的自然条件以及资源情况。我国不断倡导资源可再生、环境可持续的发展理念，农业科技园建立伊始，就应当发展与当地自然资源相适应的产业，提升资源的利用效率，保护生态环境，建立良性发展机制。

（6）建立科技园的综合测评体系。将科技园的建设与农村经济建设、农村环境建设、农村人文素养建设等相关行业相结合。对于科技园带给区域内部的影响做出综合性的评价，不断统筹规划企业、人文、经济、环境之间的发展，创建人与自然协调发展的建设目标。

# 第三节　我国农业园区发展实践的思考

近年来，我国的经济建设以及现代化建设不断深化，从中央政府到基层政府，各个部门都将农业科技园的发展与农业发展、农村经济发展相结合，将农业科技园作为整个新农村建设的契机。相关数据表明，截至 2013 年，我国各级各类规模以上的农业科技园区数量在 5 000 家以上。据以往的经营经历可以看出，我国已经建成了许多成功经营的农业科技园，这些园区的建成和发展对于我国农业现代化的建设具有指导作用，为农村经济的振兴做出了巨大的贡献。但是不容忽视的一点是，仍然有一些科技园的经营不尽理想。对于经营不善的科技园，应当调整其经营管理结构，在历史发展的新阶段，结合市场经济发展的现状，探索出适合我国科技园建设的正确道路。

## 一、农业园区建设应具备现代农业的基本特征

（1）农业现代化成分明显。近年来我国的经济水平不断发展，科学技术水平不断提升。在将科技运用于工业的同时也应当运用于农业发展，在进行土地的耕种、林地的开发时，加入机械化成分，不断加强农业生产的先进性和实效性。已经完善了自身基础设施建设的科技园应当加紧自身的产品研发和推广工作。

（2）经济效益的扩大化。农业科技园应当率先将高新科技运用于农业生产中，让农业生产逐步实现现代化、科技化、智能化，提升农业生产效率，降低劳动成本。积极有效地利用土地与自然资源，将有限的资源可持续发展，获取更多的经济效益。

（3）研发绿色产品。随着国民生活水平的不断提升，人们对于健康的要求也越来越高。绿色食品、安全食品已经成为现阶段国民所追求的健康饮食标准，同时国家也加大了对于食品安全性的监管监察，颁布相关法律法规予以约束。科技园的农产品更应当树立起绿色食品的品牌效应，将健康食品的生产、研发、推广作为经营发展的重要环节。

（4）高效利用资源。农业科技园应当秉承可持续发展的理念，对区域内的自然资源进行整合优化，在单位资源中谋求最佳发展方式，提高资源利用效率，保护生态环境。

## 二、农业园区建设须有精准定位和科学规划

### （一）遵守国家政策，迎合市场需求

现阶段我国国民的物质文化需求不断增长，其中农村居民亦是如此。国家为了适应社会的发展需求出台了一系列的政策制度。"十三五"规划指出：发展多种形式的适度规模经营，推动粮经饲统筹、农林牧渔结合、种养加一体、一二三产业融合发展，走产出高效、产品安全、资源节约、环境友好的农业现代化道路。大规模建设高标准农田，加强粮食等大宗农产品主产区建设，推进产业链建设；健全从农田到餐桌的农产品质量安全全过程监管体系、农业社会化服务体系；持续增加农业投入，完善农业补贴政策；发展现代服务业、旅游业。2016 年的中央"一号文件"指出：推进主要农作物生产全程机械化和"互联网＋"现代农业，发展农业高新技术企业、国家农业科技园区、国家现代农业示范区。发展草食畜牧业，推动种养结合、农牧循环发展；发展旱作农业、优质特色杂粮、特色经济林、木本油料和林下经济；推广高效生态循环农业模式，保护资源，修复生态，发展绿色农业；实施食品安全战略，创建优质农产品和食品品牌，发展订单农业。

创建农业科技园的同时应当遵循国家的相关规定，明确政府的政策导向，顺应经济社会发展的整体趋势。利用政府提供的便利条件，吸收社会各界的资金投入，不断发展自身的经营模式，获取更多的经济效益。社会经济受政府调节和引导居多，只有遵循政府的政策要求，才能在市场经济中谋求更多的生存和发展的机会，满足消费者的需求，获得更宽广的发展前景。

### （二）遵循自然规律，合理利用资源

科技园的建设和发展都应该立足于区域内部的社会环境和自然环境。社会环境直接影响科技园产品的研发与推广，在一定程度上决定市场需求与价值取向；自然环境决定科技园的经营重心和发展预期。因此

科技园的建设应当利用资源优势，尊重资源发展，提升自身的生产效率和经济效益，树立特色品牌，增强品牌优势。

### （三）规划经营预期，健全经营体系

在建立科技园初期就应当对科技园的发展前景进行具体的规划，设立短期和长期的经营目标，完善各个组织部门的业务流程，逐步实现短期目标。同时树立更为远大的长期经营战略，以高度视角规划发展方向，树立全局意识，预估企业前景。将短期目标与长期目标相结合，分阶段完成企业的发展计划。

## 三、农业园区建设要有独立的法人主体和足够的资金投入

法人资格是企业进行相应商业活动的首要条件，农业园区是否能在市场经济中进行经营所需的商业活动，享受一定的优惠政策和资金补助，均取决于企业是否具有法人资格。一旦企业不具备法人资格，就无权再进行一切相关活动。

## 四、农业园区建设要有主导产业、品牌、技术、人才作为支撑

在我国的农业科技园建设过程中，诸多科技园一味追求经营种类的多样化，往往繁而不精、圈占土地、好高骛远，发展结果可想而知。然而，农业科技园建设成功与否并不取决于种类和面积，而是取决于是否将自身的经营理念与区域内的自然情况相结合，发展自然资源优势，创新驱动经营理念，确立最佳经营重点，建立优势行业。在确立了发展方向之后逐步将科技引进农业发展中，发展机械化、高效化、制度化的现代化农业。统筹规划自身的主导行业与衍生产业，将农产品的种植、加工、研发、推广形成有机的整体，不断扩大相关产业的发展。

根据对我国的农业科技园发展历程的研究可知，盲目扩张发展项目，武断推进园区发展的科技园大多经营不善；树立主导产业，发挥自身优势，扶持相关产业的科技园往往能够在激烈的市场竞争中立于不败

之地。

在农业科技园的发展过程中确立了主导产业还远远不够，如何将主导企业发展为科技园建设的中坚力量才是重中之重。因此应建立主导产业的监督监控机制，不断强化产业的发展体系，对产品高度重视，强化管控力度，树立产品的品牌效应，利用品牌意识占据市场的有利经营领域，提升消费者的购买欲望和投资者的投资信心。

建立科学的一体化发展的科技园区。这一过程不是一蹴而就的，应当逐步完善科技园的经营机制、确立主导产业、建立规模化产业发展集群、完善园区基础设施、支持相关产业的优化升级。"科学技术是第一生产力"，以上每一阶段都需要科学技术的加入以及大力支持，只有加强科技的创新和投入，才能不断满足市场的需求；鼓励人才的加盟，才能将科技园的创新精神不断扩大。

## 第四节　现代农业园区建设以及对农业现代化发展的促进研究

2017 年，中央农村工作会议提出在"十三五"时期，必须坚持把解决好"三农"问题作为全党工作的重中之重，树立和贯彻创新、协调、绿色、开放、共享的发展理念，加大强农、惠农、富农力度，深入推进农村各项改革，破解"三农"难题，增强创新动力，积极推进农业现代化。近年来，随着我国经济的高速发展，农业现代化水平不断提高，我国的现代农业园区建设取得了一定的成果，但达成农业现代化的目标还任重道远。

### 一、建设现代农业园区对实现农业现代化的现实意义

建设现代化农业科技园有利于提升农业现代化的前进步伐，促进农业生产与现代化大数据相接轨，促进农民对于自身教育水平的提高，促进农业现代化的建设，对于相关产业的发展具有带动作用。

### （一）充分利用自然资源的优势对传统农业结构进行调整

将农业发展与自然资源的维护相结合，有利于资源环境的可持续发展。有效科学地利用自然条件能够拓宽农业经济的发展范围，建立更为完善的农业经济增长模式。对农村的林地、土地进行综合性的整合和调整，不断完善生态环境的建设，对于节约利用土地、维护自然资源和生态环境具有促进作用，发展农业与自然相结合的现代化农业经济能够在保护资源的同时建设农村经济，有利于提高农民的经济收入，缩减城乡差距。

### （二）转变地区农业经济增长方式

回顾我国农业科技化的发展进程，我们不难看出，农业经济的收益方式有很多种，例如以家庭为基础的"农家院"的经营模式，的确可以在短期内收到一定的经济效益，但是家庭经营具有局限性，没有稳健的经营团队，没有科学的发展预期规划，难以产生相应的衍生产业，长时间经营也难以扩大自身的规模。进行农业现代化建设的一大重点就是将农业与相关的第三产业相结合，利用农业的发展带动衍生产业的发展，根据地区的经济水平、自然资源情况，进行综合性的农业发展规划。将多项经营项目相结合，形成一条农业经济发展产业链，全面发展农村地区的经济建设。

### （三）引导地区农业向观光农业发展，提高地区品牌效应和知名度，推动地区旅游业经济增长和相关产业发展

随着我国经济水平的增长，人民对于精神生活的需求不断提升。在进行旅游业消费的同时，更加追求消费的休闲性和娱乐性，旅游度假成为人们放松心情的最佳方式，以旅游业为代表的第三产业具有非常可观的发展前景。

第一，从现阶段国家对于农业生态环境的建设分析：生态农业建设已经被国家政府多次强调，是当前环境建设的重要环节。国家和政府出台多项文件给予基层政府进行环境保护方面的政策、资金支持，加大对于生态环境的保护力度以及经济投入。例如：减免地方的信贷利率，增加对于地方建设的财政补贴等。政府对"三农"问题一直高度关注，并

且采取了一系列措施解决"三农"问题。

第二，从现阶段旅游产业发展情况分析：随着国民生活水平的提升，旅游已经变成国民休闲娱乐的最佳选择之一。农村生态环境的建设能够迎合市场上对于旅游业的发展需求，基于现阶段旅游业发展趋势，生态旅游在一个相当长的时期内会处于高速发展阶段。

### （四）持续提高地区农产品市场竞争力

回顾农业科技园的发展历程，大多数具有经营特色和产品特色的科技园均是以家庭为单位进行经营和生产的，在发展的初期取得了一定的喜人成就。但是家庭经营的局限性会在长期经营的过程中不断显现出来。例如，个体的生产方式缺少科学系统的统筹规划，经营技术难以划分和界定；家庭经营中的品牌意识较为薄弱，难以应对激烈的市场竞争。建立现代化的农业科技园，能够在农业生产经营中提升科技水平，提升农产品的生产量，在确保能够顺利供给的同时获取更多的经济效益。当前我国正不断践行可持续发展战略，整合农业生产，提升农业生产中的科技成分，更有利于对于生态环境的保护。农业生产更具科学技术因素，能够提高产品在市场中的竞争地位，推进农业生产的科技化进程。

## 二、发挥农业科技园区对现代农业园区的引领带动作用

农业科技园不是单一的农业企业，而是一个均衡的、具有高新技术的企业集群。其中居于核心位置的产业是否能够健康高速发展反映了国家建设农村的水平和方向，同时也影响园区的规划和建设以及农业经济振兴的信心。按照"突出政府引导、强化企业责任、整合社会力量、形成发展优势"的原则，将发展观念与发展目标相结合形成科技园的发展需求，将科技园打造成结合高新技术支持、凝聚社会发展需求、集中农业发展先进水平的示范平台。

这一示范平台涵盖的内容十分丰富：统筹规划经营目标，确立主导产业定位；吸收科学技术，增强发展能力；研发高新产品，获取市场利润；引进社会投资，争取互利互惠；彰显人才价值，农业科技双赢；农

民脱贫致富，农业蓬勃发展；践行政府政策，振兴农村经济。

在科技园的产业建设方面，进行明确的分工。产品的生产、研发、加工等业务在科技园内部实行，而产品的推广和销售在科技园外部实行。

在市场营销方面，不断扩展销售范围。在主导产业确立之后，大力进行这一领域的研发和建设，不断提升产品的市场竞争力，抢占国内市场份额，占据有利地位。将技术研发与市场效应的成果作为不断发展的基础，吸引社会投资人的投资兴趣，有效利用政府的财政帮扶，吸收金融机构的信贷支持，解决科技园发展中的资金问题。不断引进高新技术人才，进行园区内部的人员培训，提升园区内部的科学技术水平，更好地以技术支持科研发展。利用产品的市场效应和经济收益，促使科技园辐射化的影响，带动区域内部农业产业的升级，引领地区的经济发展，不断发展成为行业领军品牌。

## 三、深挖"互联网＋农业"的巨大潜能，助推现代农业高效发展

随着互联网产业的不断发展和深化，我国已经进入新媒体时代，信息的高速传播和高效运行已经成为当今社会的日常现象。大数据时代下的信息化是我国进行经济改革和发展的重要推动力之一，然而农业现代化的产业结构还不尽理想，信息化社会现状对于农业现代化的进程具有推动作用，加速农业与大数据时代的互补和融合，必将产生巨大的爆发力。

第一，农业与大数据的结合可以激发农业的发展潜力。利用大数据精准计算出农业发展的市场预期、产业前景，在农业的发展中稳定把控市场与园区的供求关系。将农业生产中的相关要素、生产过程、生产系统进行科学合理的调配。例如，利用大数据对土地、林地的资源基础进行分析，短时间内提供一套科学的耕种模式，提升农业生产中的劳动效率。

第二，农业与互联网的结合推进市场需求的高效对接。互联网时代中大部分的信息和数据都以更快捷透明的方式呈现在网民面前。农民可

以通过网络了解市场供求关系、消费者需求、产品预期走势等，大大降低了生产中的定位风险和销售风险。

第三，农业与新媒体的结合促进品牌观念的形成和发展。互联网将崭新的理念和价值观传播给农民，促使农民融入信息化的大时代中，农业的发展也将摆脱传统发展模式的制约。农业经济与互联网经济的结合，可以将农业经济转移到"网络农业"的平台上，减少了农产品销售的中间环节，增加了农民的利益获取。农产品在网络经济中具有良好的发展前景，一旦打开了互联网这个广阔的商业平台，农产品定会获得前所未有的发展机遇。

农产品在大数据时代的推动下，将以往的传统农业中的弊端逐一排除，减少资源的不必要损耗，降低经营风险，提升自身的科技竞争力、文化竞争力、产品竞争力，从而逐步提升自身的企业核心竞争力，不断加快现代化农业的建设步伐。

## 四、加快现代农业园区发展的建议

我国应当针对农业科技园的现代化建设，不断完善农业发展，加强科技创新，从而发展更具有市场前景的农业项目，逐步加快我国的农业现代化建设步伐。将农业生产与农产品销售、农业旅游项目开发、农业科技化水平的升级相结合，不断优化农村地区的资金利用率以及资源配置，建立健全农业企业的管理机制和人才引进制度，利用多方因素共同推进农业现代化的建设与发展。

### （一）强化政府引领作用，加快发展现代农业园区建设

国家、省市、基层政府应当做好职责分配，逐步将自身管辖范围内的农业科技园的建设扶持工作提到议事日程上，加强对于农业科技园建设的扶持工作，增加对农业科技园的资金供给，全力支持农业和农村的现代化建设工作。建立健全农业科技园的监督管理机制，使农业科技园的经营和管理更加健康稳健。

### （二）进一步优化产业布局，完善发展规划

将各个区域内的实际发展情况作为农业科技园建设的现实基础，把具有地方特色的主导产业引入农业科技园的建设中，协调地方经济，制

定科技园的发展规划。坚持因地制宜的发展方略，将保护自然环境与生态资源相结合，发展人与自然和谐共处，自然环境和经济效益双向丰收的农业科技园。在经营中突出主导产业的核心位置，在发展主导产业的同时不断完善衍生产业的经营规划，建立农业与农民之间密不可分的关系，加强科技园与农民之间的合作，吸引专业大户的加盟。现阶段，农业科技园的改革正在不断朝着科学化和技术化的方向发展，对于与自身经营相关的领域已经有了明显的提升，例如农作物、林业、水产、林果等有特色的产业，并且加强对农产品的加工以及二次收益。将旅游业等第三产业与农业科技园相结合，打造具有本土特色的农业品牌，结合现阶段的经济发展打造相关的旅游业品牌，吸引更多社会群体的关注，形成具有鲜明特点和突出产业的农业经济链。

### （三）加快农业全产业链条的衔接，促进一二三产业融合发展

提升农业的发展水平能够更好地促进相关产业的衍生和发展，将农业向旅游业、技术行业等领域不断拓展，使之与现阶段具有先进性和代表性的产业相结合，在多元影响下加快推进农业现代化、科技化的发展步伐。实现多种经营模式和经营方向之下的多行业融合发展，建立一条以农业科技园经营为主，多元化产业经营为辅的稳健科学的农业科技产业链。

### （四）建立健全服务保障体系，营造良好的发展环境

坚持中央对于农业发展的前景规划以及现实要求，借助政府的支持力度，提升自身的经营管理能力；利用金融机构以及社会支持提升自身的信用资质，逐步解决自身经营资金不足的问题；提升科技园的创新意识与创新精神，推动农业产品和衍生品的开发，增加经济效益与社会效益。以良性循环的发展大环境推动农业科技园的发展和农村经济的建设。

### （五）加强科技引导

加强对于农业科技园的创新性思维的培养，积极鼓励和支持科技园的自主创新工作以及创新型农产品的创立和开发。积极向发达国家学习

科技园的建立和管理经验，逐步推进我国的农业科技园与世界更高水平领域的接轨。将培养农业人才作为农村教育的重点，积极培养具有先进理念与创新精神的农业人才，在农业科技的发展中注入新鲜血液，提升农业发展的创新能力，为农产品的现代化助力。

## 第五节　发达国家现代农业园区的发展模式及借鉴

从 2000 年开始，在农业部、科学技术部等部委的推动下，中国先后分 3 批建成了 65 个国家级现代农业示范园区，2 500 个省级及其他类型的现代农业科技园区。农业科技园将农业技术推广、农业科技研发、农业成果示范、农业产品转化等研究方向相结合进行整体的运行。经过多年的发展，我国的农业科技园已经取得了显著的经营成果，带动了农村经济的发展。但是农业科技园的经营仍具有一定的难度，资金流的短缺、发展前景的制约、技术人员的匮乏等都不同程度地制约着农业科技园的发展。部分发展中国家和发达国家在农业现代化上拥有较多的建设经验，本书针对荷兰、日本、美国、德国等相关国家的农业科技园发展情况进行分析，为我国的农业科技园建设提供可行性的建议。

### 一、政府给予宏观政策及财政等方面的支持

农业园区与其他产业不同，受自然因素影响较大，在生产的过程中具有不确定因素，经营的风险较高。因此国家对于农业发展的宏观调控以及政策支持是十分有必要的。农业科技园是农业现代化建设的重要载体之一，政府对农业科技园的扶持是对于农业现代化建设的帮助和推动。

荷兰的地理位置对于农业发展是具有一定阻碍的，荷兰政府基于这一原因将荷兰的农业园区定位于设施农业。并且在发展的过程中由各级政府主导，建立农业园区，在园区建成之后转让给农民经营。

日本农业园区大多由政府出资建立，将农业园区定位于观光农业，

农业园中种植花卉、水果等富有观赏性的作物。在农业园建成之际以招标的方式转交由专业人士经营。

美国政府并未直接出资建立农业科技园，但是在科技园的建立过程中发挥了重要的作用。在农场的资金问题上，政府改善了信贷业务的相关规定，将科技园的信贷划分为国家信贷的一部分；科技园进行农产品研发的过程中，国家给予了强有力的技术支持，以联邦、州、县为单位建立技术培训机构，提供科技园科研的人才培养。

## 二、突出农业科技的创新作用，重视产学研的合作与对接

农业科技园的建立和发展是我国进行农业现代化建设中的重要环节，各个发达国家均将农业科技增长率作为衡量农业现代化的指标之一。成就较明显的是荷兰，农业科技创新增长率高达 97％，德国和美国等国家也超过了 90％。

农业生产与科技创新相结合能够体现国家的科学技术水平和农业发展水平。在发达国家，农业科技园的建设类型是丰富多样的，集自然生态、农业资源、科学技术、商业转化于一体，从而展现出生态环境、农业环境与科学技术的高度统一。

在德国，农业科技园所使用的土地是由国家统一规划和管理的，科技园对于土地拥有无偿使用权，国家对于企业科技方面的引进工作也承担了一部分，主动引进人才与技术。另外，为了将农业生产与生态环境、科学技术的结合，德国政府在农业科技园中划分出 10％的土地供高新科技人才进行产品的实验，并且邀请相关领域的国外专家进行探讨。同一部分资源得到多元化的利用不仅节约了国家的资源，而且将国外的先进理念与国内研究成果相结合，有利于国内的农业建设。

荷兰的设施农业园区以瓦赫宁根大学农业技术科研为主导，该校是荷兰最负盛名的农业大学。在农业产品研发水平和农业知识创新方面均位于世界领先水平。荷兰的农业科技园积极推进自身与大学的对接研讨，不断汲取新鲜的研究方法与研究理念。

在美国，各个州的农业高校仅开展农产品的创新研究，并且与科技

园建立合作服务，如人才的培训、技术支持等，为本国的科技园区培养并输入大量人才。部分大学也建立了自有的科技园区，便于自身产品的研究和销售，如康奈尔大学的农业与食品科技园、新泽西州立大学的罗格斯食品创新中心等。

## 第九章

农业科技园区金融支持
相关研究

发展农村金融离不开现代农业科技园区。本章首先研究了国内外对于农业科技园区的金融支持，继而论述了农业园区对于农村经济发展的推动作用。希望能够通过对农业园区的研究为农村金融发展拓宽思路。

# 第一节　农业科技园区金融支持研究综述

## 一、国外农业科技园区金融支持研究现状

### （一）产业融资结构的研究

20 世纪，学者莫迪利亚尼（Modigliani）和米勒（Miller）在《资本成本、公司财务与投资理论》提出了借贷融资即债务融资对企业经营的作用，分析了债务融资的优势和劣势。这一理论被称为 MM 理论，为进行融资经营的企业提供了一个具有指导意义的建设性理论。

对于企业的融资行为，梅尔斯（Myers）和迈基里夫（Majluf）提出了优序融资理论，将企业的现阶段经营规模与借贷情况进行了对比研究，根据对于相关因素的分析提出对于企业经营最佳的融资方式。学者昂（Ang）在相关研究中对于啄食理论进行了更为完善的分析，对企业融资问题中的借贷流向做出了研究，提出对于中小企业最佳的融资选择。

霍沃特（Howorht）在相关研究中提出了与以上二者不同的研究领域与结论：在企业融资的过程中应当遵循这样的顺序，即融资成本——企业独立性——企业控制权。在企业初期运营的阶段，应当完善自身的管理，将自身的基础经济积累不断扩张，增加信贷中的抵押物品选择，在这一阶段进行融资的最佳形式便是内部融资。一旦企业拥有较大的经济基础，能够进行最大化的经济收益时，融资渠道也会随之扩展。

### （二）金融支持农业科技产业的研究

根据笔者对相关文献的研究，国外相关学者对于农业科技园的研究内容较少，农业科技园的经营主体一般是中小型企业。中外面临的企业融资问题具有相似性，可以在某些领域进行研究与分析，选取借鉴性部分。

第一，科学完善的企业是科技园经营的基础，美国经济学家约瑟夫（Joseph）在《经济发展理论》一文中提出，完善的融资流程是企业不断发展的经济基础。索罗（Sorrell）、斯旺（Thawne）通过模型分析了生产函数中技术、资本和劳动三者对产出的作用，提出了完善且有序的融资体系是促进科技进步的重要环节。

第二，中小企业融资方式的加强与自身企业核心竞争力的提升具有密切关系。克劳斯（Klaus）提出，在发展中国家，可以通过金融合作等方式来促进中小企业融资。阿伦（Arun）提出合理的规章制度可有效促进中小企业的小额贷款等问题。

第三，小额信贷机构具有自身的灵活性和独特性。古铁雷斯（Gutierrez）认为小额贷款机构可以产生利润，且其属于带有社会属性的金融机构。

## 二、国内农业科技园区金融支持研究现状

当前我国农业科技园的经营和管理正处于探索时期，对于这一领域的研究主要集中在管理方式、经营模式、体制确立等问题上，农业科技园的融资问题一直是国内领域的研究盲区。我国的农业科技园在建设的过程中向国外的先进行业参考学习，力求建立一个稳健的企业融资体系，但是结果却不尽如人意。我国农业科技园的资金主要集中于政府的

支持以及自身的资金基础，但是这些远远不能满足园区在经营过程中对于资金的需求量。如何在农业科技园的融资问题上建立一个科学稳健的体系，是科技园进行建设的重点问题之一。

## （一）农业科技园区融资存在的问题和原因分析研究

导致农业科技园的集资短缺和融资困难主要有以下几个方面的原因。

第一，政府财政资金对于科技园的支持力度具有不确定性，同时政府的财政资金金额有限，不能充分缓解企业的财政问题。并且资金划拨的流程中缺乏有效的管理和引导，这一部分资金通常作为企业经营初期的启动资金，并未有效地发挥自身的引流作用，资金的利用率较低。另外科技园对于土地仅拥有使用权，并非园区自身财产，也不能用作抵押贷款，对于企业的信贷问题解决难以起到有效的作用。褚保金等学者表示，科技园区的资金需求量大、资金流较少是造成园区经营困难的主要原因。胡刚等学者也阐述过类似的观点。学者孙明明、王秀芳也曾表示资金量不足对于科技园的建设存在一定的制约。

第二，金融机构针对科技园区的信贷条件较为繁杂。传统的商业银行经营目标是获取最大的收益额，然而对于农村科技园的信贷投资具有一定的风险，并且投资额较少，收益较缓慢，因此商业银行对于科技园的信贷投资仍处于一个较为保守的阶段，信贷金额较少，期限较短，银行利息率较大。另外，如前所述，科技园区对于土地只能行使使用权，并不能用作信贷抵押，这也在一定程度上限制了企业的信贷金额以及资金流转。学者史利辉、朱青锋和赵丽娜指出商业银行存在"惜贷"的现象，金融机构对于科技园的资金支持力度有限。学者李晓涛也认为金融机构对于农业科技园的贷款十分慎重。学者李乔漳利用木桶原理进行比较说明，金融机构的信贷力度不足，导致农业科技园的经营短板。

第三，农业科技园自身经营管理漏洞。由于农业科技园的经营模式具有灵活性和局限性，导致农业科技园的经济收益并不理想，不稳定的经济收益对于公司的上市、拓展更广阔的筹集资金的渠道都具有消极的影响。学者王为农表示，农业科技园主要依赖农业生产，并且受自然条件影响较大，具有不确定因素。学者李乔漳表示，农业科技园的抗风险能力较差，并且自身的经营管理机制不够完善。学者王进树表示，农业科技园在监管检查机制以及园区内部的配套企业方面也有一定的提升空间。

第四，传统金融机构的制约性影响农业科技园的信贷运行。企业自身对于农业科技园的资金负担能力较差。农业科技园在建设之初便具有一定的公益性质，其科研成果及农产品收益一部分要用于提升农民生活、增加经济收入，这就导致农业科技园难以完全依据市场经济的运作模式加以经营。农业科技园自身的经济收入并不稳定，导致企业及个人对农业园的投资欲望下降。另外地区基层政府对于农业园的建立提供了一定的支持，管理局限性使政府期望得到一定的农业园的引导或所有权，因此农业园的经营管理模式较为复杂，权利分配在一定程度上存在不合理的现象，也会影响企业以及个人的投资意图。

## （二）农业科技园区融资体系研究

### 1. 农业科技园区的主要融资渠道和模式

政府资金支持是农业科技园的资金来源之一，学者程永安在相关的著作中曾指出，政府在大多数情况下是农业科技园的主体投资者。学者王进树在研究中发表过这样的论断，农业科技园在一定程度上属于政府机构的"形象工程"，其经营中的主要资金来源就是政府的扶持。学者周彩节认为政府的投资并不能确保农业科技园的稳健运行，应当建立银行等担保机构对其进行信贷担保以及借贷帮助，从而解决农业科技园的资金问题。

银行等金融机构提供的信贷资金是农业科技园的经济来源之一。记者厉诗根据自身的采访心得提出，农业科技园的融资可以借鉴中关村的融资经验，建立具有科学经营链的融资机构与农业科技园的合作机制，构建农业科技园等农业的专属信贷体系。

### 2. 如何构建农业科技园区的投融资体系

第一，加强风险投资管理。学者林善炜提出要不断完善我国的风险投资体系，扩大对于风险管理投资的社会覆盖率，完善风险投资的实行机制和流程，对于具有发展前景的项目应该给予支持和鼓励。学者杨艳龙、唐礼智认为，应该根据科技园的发展现状制定有利于科技园的风险

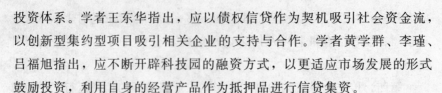

投资体系。学者王东华指出，应以债权信贷作为契机吸引社会资金流，以创新型集约型项目吸引相关企业的支持与合作。学者黄学群、李瑾、吕福旭指出，应不断开辟科技园的融资方式，以更适应市场发展的形式鼓励投资，利用自身的经营产品作为抵押品进行信贷集资。

第二，建设金融投资平台。学者杨艳龙、唐礼智认为，园区应扩大自身的经营范围，拓展国际市场。学者胡刚指出，应探索商业银行在科技园建设中的积极作用，并加以利用。学者史利辉、朱青峰、赵丽娜提出，应完善现阶段的金融借贷流程，金融组织应当革新自身以支持科技园的发展。李娜、王建中等学者指出，农业科技园自身的完善十分重要，可以带动中小企业的发展和提高。学者蔡洋萍提出，金融领域应当对农业科技园加以支持，创新金融服务的内容，设立农业建设对口金融机构，对于农业现代化建设的资金问题设立专属业务平台进行办理。学者庄燕娜认为应当完善金融机构对于农民的征信系统，建立完善的市场评估，减少企业的融资风险，增加企业的融资机构选择。

第三，创建融资担保平台。学者何建敏、李珊认为农村中小型企业中的信贷担保问题的解决是十分重要的。学者黄学群、李瑾、吕福旭等认为引导园区建立自身的信贷抵押产品，可以将园区内部硬件设施充当贷款抵押品。学者史利辉、朱青峰、赵丽娜的研究表明，建立健全农村信用担保机制能够促进农村产业的资金流引进。学者周彩节认为适度地向农业企业引进风险投资会增加企业的经营积极性，提升经营利润，解决企业的资金短缺问题。学者李娜、王建中认为，加强对于社会信用担保体系的建设，建立健全农村征信系统，不断鼓励小额贷款公司优化升级，能够有效解决农民和农村的资金需求问题。

第四，加速建设全区基础设施，加大政府引导投入。学者胡刚研究表明农业企业的技术设施体系应不断完善和加强。学者史利辉、朱青峰、赵丽娜认为，应当有效利用政府对于农业科技园的帮助与支持力度，由政府引导农业科技园不断提升。学者周彩节指出，政府的大力支持是解决农业科技园资金短缺问题的前提条件。学者李娜、王建中认为农业科技园因中国农工民主党成为农业现代化建设的领军人物，应借助政府帮扶，完善产业集群。学者李嘉斌、王建中、谭宏涛指出，政府在科技园建设前期发挥了绝对的主导和支持作用。学者寻舸、尤文佳、朱婷婷认为，农业科技园的建立建设是科学技术与农业生产的完美结合，要将自然资源、自然环境、经济收益三者协调并进，创建良好的金融生态环境。

### （三）国内外农业科技园区研究现状评述

整理相关国外研究可以发现，关于农业科技园的建设研究成果较多，但是关于农业科技园中企业金融支持的研究较少，研究问题大多集中在投资问题上。以上不同的研究成果都具有借鉴意义。

整理国内的相关研究可以发现，对于中国农业科技园的研究主要集中在建设初衷、经营理念等问题上，这方面我国具有丰富的研究经验，并且取得了一定的研究成果。

但是我国针对农业科技园的建设过程以及发展过程中的融资问题研究相对较少。从我国农业科技园建设的过程可以看出，在科技园建设初期，资金来源渠道较为单一，主要是企业自身的经济基础以及政府的资金补助。随着科技园建设的不断扩大，对于资金的需求也不断增加，最初的资金流已经不能满足科技园这一阶段的建设需求。相关学者针对这一阶段的资金短缺问题进行了研究。

学者王建忠研究的重点在于科技园融资体系的构建。第一，阐述了农业科技园建立建设的金融基础，指出政府在这一阶段发挥的重要指导作用，证明了市场的调控和引导作用。在这一阶段应当加大农业与科技的联合力度，调动农业科技园的经营积极性和自主性，在农村金融市场中抢占有力的发展位置。第二，不断完善农业科技园的自身建设，提升自身的科技产品研发，与银行等信贷机构建立良性的关系，发展自身的信贷公司，引导资金流的扩展。

综上所述，本书认为在农业科技园发展的过程中应建立四个高效运营、科学管理的平台，即风险管理平台、金融投资平台、融资担保平台、园区基础设施建设和政府引导平台，以上四个平台将农业科技园的建设和发展联系成一个有机整体，为资金流动、管理营造了一个有利的大环境。

# 第二节　我国农业科技园区金融支持效应的研究

## 一、我国农业园区金融简述

2015 年出台的中央一号文件明确提出，在进行农村建设的过程中应当加快农业科技化的探索进程，加大农业科技园的建设力度，不断推进我国的农业化进程。2016 年中央一号文件指出，政府应当与社会中的资本机构不断加强合作，采用合作、贴息、基金建立的方式，不断引导社会的经济资本向农村转移，增强农村经济的建设活力。由此可见，经济要素的投入和应用对于农业科技园的建设具有至关重要的作用，但是在引导资金进入农村建设的过程中，往往由于农村自身的问题，进退维谷。农村自身的信贷条件薄弱，具有局限性，融资渠道匮乏导致自身的经济发展缺少活力。截至 2015 年年底，我国共有 164 个国家级、4 000 多个省级农业科技园区，科技厅等相关部门抽取了我国具有代表性的 38 个省级以上园区进行统计：有 11 个园区未获得金融支持，发展水平明显滞后；已获得金融支持的 27 个园区中，95％以上的园区发展态势良好。以上内容说明社会各界对于农村的支持力度不断加大，并且这些支持的手段已经带给农村经济一定的发展空间和建设前景。随着科学技术的不断发展，农业与科学技术相结合的经营方式势在必行，同样在此期间，经济基础的稳健也是十分重要的。

我国的农村经济已经有多年的发展沿革，国内对于农业科技园的研究也有一定的基础，取得了相应的成果。学者蒋和平、崔凯在研究中提出，农业科技园在资金方面选择社会融资，为园区的发展增添了活力，具有建设性的意义。王玉斌、陈慧萍等学者曾有以下的论断，农业园区通过自身的不断经营已经具有相对可观的经济收入，争取金融机构的商业支持，在园区内部建立有利于自身的担保公司，增加自身的信贷强度。以上诸多做法均能够吸引外来资金对园区的投入，增加科技园的发展能量。桂泽法、吴蔚蓝等学者认为农业科技园自身的局限性导致其管理经营不够科学，产生的社会影响以及社会效果较少。学者许越先指出，农业科技化发展以及农村经济之间的关系具有相互促进的作用。学者李梅兰从正反两个方面分析了农业科技园发展对于农村经济的作用，得出农业经济的发展与农业科技园之间的联系。以上诸多的研究成果都源于与实践相结合的理论性研究，在进行定量研究方面学者何伟运用DEA 中的 C2R 模型，将影响农业科技园的经营效益的相关因素根据其影响效果进行相关性高低的排序，比较得出对于农业科技园影响最深的因素，有针对性地进行分析，得出农业科技园发展的最佳方式。学者赵黎明、翟印礼利用 CES 模型，对农业科技园产业聚集程度进行了分析。

根据文献摘要可知，目前在对农业科技园进行相关研究的课题中，对金融基础的研究已经有了十分丰富的成果。本书将对金融支持与农业科技园的经营状况做出一系列的分析。通过 FA-MLR 建模的形式分析二者之间的关联性，并根据研究成果提出农业科技园的建设建议。

## 二、理论框架和条件假设

资金、人才、技术是农业科技园经营与提升的重要因素，决定着农业科技园是否能够有效建设并且完善自身的经营机制。资金因素是农业科技园发展的核心因素，直接关乎农业科技园的经营和发展是否能够顺利实施，是否能够有效吸引科技成果以及高新产业的进入，是否能够吸引具有创造力的人才加盟。相关研究表明，农业科技园是否具有强大的资金来源，决定着农业科技园能否吸引高科技人才。一旦资金不足，科技园的发展和建设就会受到一定程度的限制。农业科技园在建设前期对于资金的需求量十分庞大，资金来源主要有政府提供的资金帮扶、银行提供的信用贷款、社会投资者提供的资金投资等。图 9-1 是农业科技园区金融支持的理论框架。

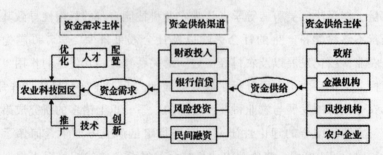

图 9-1 农业科技园区金融支持的理论框架图

本书采用 FA-MLR 模型构建方式对农业科技园的资金来源进行相关分析和论证。在上文中我们已经做出了相关论证，影响农业科技园建设的因素较多，为保证本次研究过程以及建模过程的顺利，笔者对相关数据进行了降维处理，利用因子分析法进行数据的筛选。进而通过多元线性回归法（MLR）对于影响农业科技园的各个因素进行关系建模。MLR 法的应用能够有效分析各个变量之间的关系，并且对相关性做出具体的描述。FA-MLR 模型的建构能够在相对稳定的环境中克服研究因素之间的主观性和相关因素对于主体的影响程度。

FA 模型用矩阵的形式表示为：$Z=AK+\xi$，其中 $K$ 为因子，又称为公共因子；$A$ 为因子载荷矩阵；$a_{ij}$ 为因子载荷，是第 $i$ 个原变量在第 $j$ 个因子上的负荷；$\xi$ 为特殊因子，表示原变量中不能被因子解释的部分。通过此法对 66 个园区 12 个指标进行降维处理，计算公因子得分和综合得分。第 $j$ 个因子在第 $i$ 个样本上的值可表示为：$S_{ji}=a_{j1}A_{1i}+a_{j2}A_{2i}+\cdots+a_{jp}A_{pi}$，式中 $a_{j1}$，$a_{j2}$，$\cdots$，$a_{jp}$ 分别是第 $j$ 个因子和第 1，2，$\cdots$，$p$ 个原有变量间的因子值系数。因子得分可看作各变量的加权（$a_{j1}$，$a_{j2}$，$\cdots$，$a_{jp}$）总和，权数的大小表示变量对因子的重要程度，于是有：$S_j=a_{j1}A_1+a_{j2}A_2+\cdots+a_{jp}A_p$（$j=1$，2，3，$\cdots$，$k$），得出公因子得分公式，以公因子信息贡献率为权数得出园区发展水平综合得分公式，计算出各园区发展水平的综合得分。

为研究农业科技园区发展水平与金融支持的关联性，笔者将通过四种渠道获得的资金作为模型的主要因素，建立如下的 MLR 模型：$S_i=\alpha+\beta_1M_1+\beta_2M_2+\cdots+\beta_kM_k+e$，式中 $\alpha$ 为常数项，$\beta_1$，$\beta_2$，$\cdots$，$\beta_k$ 为回归系数，$e$ 表示随机误差项，$S_i$ 表示衡量农业科技园区发展水平的主因子综合得分，$M_1$，$M_2$，$\cdots$，$M_k$ 表示园区通过各种途径获得资金支持的数额，根据设定的模型，研究各个渠道资金投入变量对农业科技园区发展水平的影响程度。

# 三、实证分析

## （一）指标选取与数据来源

### 1. 指标选取

（1）农业科技园区发展水平指标。关于农业科技园区发展水平指标的选取，国内的相关研究已取得较多成果：王欧、吴文良选择园区管理状况指标、整体效益指标、生态环境指标、技术支撑能力指标和龙头企业指标等对农业科技园区进行综合评价。钟甫宁、孙江明将建设基础、内部效益、外部效益这三类指标作为评价农业科技园区发展水平的指标。

在已有研究及数据可得性的基础上，本书选取了 5 个维度 12 个评价指标作为衡量农业科技园区发展水平的指标体系，具体评估指标见表 9-1。

表 9-1　农业科技园区发展水平与金融支持指标体系

| 评估项目 | 评估指标 | 数据代码 |
|---|---|---|
| 园区经济效益 | 年平均收益（万元/年） | $A_1$ |
| | 园区职工平均工资（元/人） | $A_2$ |
| | 核心区农民年人均纯收入（元/人） | $A_3$ |
| 园区社会效益 | 辐射推广面积（公顷） | $A_4$ |
| | 园区本年度技术培训总人数（人） | $A_5$ |
| | 园区本年度吸纳劳动力就业人数（人） | $A_6$ |
| 园区生态效益 | 园区绿色、有机产品产值（万元） | $A_7$ |
| | 园区绿化面积（公顷） | $A_8$ |

续 表

| 评估项目 | 评估指标 | 数据代码 |
|---|---|---|
| 园区科技能力 | 已示范推广的累计新技术数量（个） | $A_9$ |
| 园区基础设施 | 累计新技术数量（个） | $A_{10}$ |
| | 累计科技项目数（个） | $A_{11}$ |
| | 园区有效灌溉率（%） | $A_{12}$ |
| 资金支持 | 政府财政投入（万元） | FI |
| | 信贷资金投入（万元） | CF |
| | 民间资本投入（万元） | PC |
| | 风险投资（万元） | VC |

（2）资金支持的指标。包括政府财政投入、信贷资金投入、民间资本投入和风险投资。

2. 数据来源

本书数据获取的方式主要有实地调研和浏览科技部及省市级科学技术厅网站。在依托新农村发展研究院的 10 个农业大省中，选取经济效益、社会效益和生态效益显著，科技能力较强，基础设施较为完善的园区为研究对象展开调研，分别为山东省 8 家（B1—B8）、河南省 7 家（C1—C7）、安徽省 10 家（D1—D10）、江苏省 9 家（E1—E9）、江西省 7 家（F1—F7）、浙江省 6 家（G1—G6）、河北省 6 家（H1—H6）、四川省 6 家（I1—I6）、吉林省 4 家（J1—J4）和黑龙江省 4 家（K1—K4），共计 67 家农业科技园区。最终获取了 66 组有效数据，问卷有效率为 98.51%。

## （二）实证分析过程

1. 因子分析

（1）进行适宜性检验。本书通过 SPSS 19.0 统计软件，对衡量园区发展水平的 12 个指标进行 KMO 和 Bartlett 球形检验，根据检验得出 KMO 的值为 0.871，Bartlett 球形检验的相伴概率为 0.000，说明变量间存在相关性，那么就应该拒绝 Bartlett 球形检验的零假设，认为相关系数矩阵不可能是单位阵，也就是说原始变量之间存在相关性，数据适合进行因子分析。

（2）提取因子变量。根据特征值大于 1 的标准提取因子，得出园区发展水平的因子特征根和方差贡献率。由表 9-2 可知，因子变量的 3 个特征根分别为：8.821、1.042、1.001，解释了原始变量的标准方差的 90.534％ 贡献率，提取前 3 个公共因子 S1、S2、S3，可以反映出原始变量所提供的绝大部分信息。

表 9-2　因子特征值、方差贡献率比重及累计贡献比

| 成分 | 初始特征值 | | | 提取平方和载入 | | | 旋转平方和载入 | | |
|---|---|---|---|---|---|---|---|---|---|
| | 特征值 | 方差贡献率％ | 累积方差贡献率％ | 特征值 | 方差贡献率％ | 累积方差贡献率％ | 特征值 | 方差贡献率％ | 累积方差贡献率％ |
| | 8.821 | 73.510 | 73.510 | 8.821 | 73.510 | 73.510 | 6.079 | 50.657 | 50.657 |
| | 1.042 | 8.685 | 82.196 | 1.042 | 8.685 | 82.196 | 3.779 | 31.490 | 82.147 |
| | 1.001 | 8.338 | 90.534 | 1.001 | 8.338 | 90.534 | 1.006 | 8.387 | 90.534 |
| | 0.649 | 5.405 | 95.939 | — | — | — | — | — | — |
| | 0.218 | 1.815 | 97.754 | — | — | — | — | — | — |
| | 0.117 | 0.971 | 98.725 | — | — | — | — | — | — |
| | 0.078 | 0.649 | 99.374 | — | — | — | — | — | — |
| | 0.039 | 0.329 | 99.703 | — | — | — | — | — | — |
| | 0.015 | 0.123 | 99.825 | — | — | — | — | — | — |
| | 0.010 | 0.082 | 99.907 | — | — | — | — | — | — |
| | 0.007 | 0.062 | 99.969 | — | — | — | — | — | — |
| | 0.004 | 0.031 | 100.000 | — | — | — | — | — | — |

数据来源：SPSS 19.0 运行结果。

（3）解释因子变量。运用方差极大化对建立的原始因子载荷矩阵进行因子旋转，由结果可知，公共因子 $S_1$ 在 $A_8$、$A_9$、$A_{10}$、$A_{11}$、$A_{12}$ 上的载荷很大，是解释园区生态效益、科技能力和基础设施的主因子，这进一步说明了提升园区生态效益、大力提高园区科技能力、加强园区基础设施建设对提高园区发展水平至关重要。公共因子 $S_2$ 在 $A_3$ 上的载荷

很大，是解释园区经济效益的指标。公共因子 $S_3$ 在 $A_5$ 上的载荷值很大，是解释园区社会效益的指标。

（4）因子得分。由因子得分矩阵得到因子得分函数：

$$S_1 = 0.064A_1 + 0.081A_2 + \cdots + 0.305A_{12}$$

$$S_2 = 0.090A_1 + 0.065A_2 + \cdots - 0.264A_{12}$$

$$S_3 = 0.019A_1 - 0.052A_2 + \cdots - 0.010A_{12}$$

以各主因子的信息贡献率为权数计算各地农业科技园区发展水平的综合得分，公式如下：$S = 0.812S_1 + 0.096S_2 + 0.092S_3$，根据公式计算得出表 9-3。

表 9-3　因子得分系数矩阵

| | 成分 | | | | 成分 | | |
|---|---|---|---|---|---|---|---|
| | 1 | 2 | 3 | | 1 | 2 | 3 |
| $A_1$ | 0.064 | 0.090 | 0.019 | $A_7$ | 0.056 | 0.105 | 0.041 |
| $A_2$ | 0.081 | 0.065 | -0.052 | $A_8$ | 0.147 | -0.016 | -0.001 |
| $A_3$ | -0.311 | 0.552 | 0.001 | $A_9$ | 0.204 | -0.091 | 0.031 |
| $A_4$ | -0.109 | 0.321 | 0.007 | $A_{10}$ | 0.207 | -0.098 | 0.009 |
| $A_5$ | 0.018 | 0.006 | 0.996 | $A_{11}$ | 0.280 | -0.205 | -0.004 |
| $A_6$ | -0.112 | 0.317 | -0.012 | $A_{12}$ | 0.305 | -0.264 | -0.010 |

数据来源：SPSS 19.0 运行结果。

2. 农业科技园区发展水平与资金支持的回归分析

本书选取公共因子 S1、S2、S3 作为因变量，S1 是解释园区生态效益、科技能力和基础设施三者综合的主因子、S2 是解释园区经济效益的主因子、S3 是解释园区社会效益的主因子。选择政府财政投入（FI）、信贷资金投入（CF）、民间资本投入（PC）和风险投资数额（VC）作为自变量，利用全国 10 个省份 66 家农业科技园区的 4 个资金支持指标分别对 S1、S2 和 S3 进行多元线性回归分析，并对其中有较显著影响的变量进行分析。

（1）基于 MLR 模型分析金融支持对园区生态效益、科技能力和基础设施 3 者综合因子的影响。运用 SPSS 19.0 软件进行回归分析，构建出的 MLR 模型为：

$$S_1 = -17869.403 + 0.737\text{FI} + 0.041\text{CF} + 1.143\text{PC} + 0.509\text{VC} \quad (1)$$

从回归结果可得，回归方程整体 Sig.＝0.000 通过了显著性检验。回归模型的判定系数 $R^2$ 为 0.860，方程拟合优度较好，说明金融资金的投入对公因子 $S_1$ 即农业科技园区的生态效益、科技能力和基础设施三者综合具有一定的解释程度，所有回归系数均通过了显著性检验，且各因素之间不存在严重共线性问题。

通过四种资金支持渠道获取的资金均与公因子 $S_1$ 呈正相关关系。财政资金投入越多越有利于完善园区基础设施建设与提高园区的科技能力。信贷资金、民间资本与风险投资的投入，增加了园区内的流动资本，园区可利用充足的资金引进科技项目，大力提升园区效益与科技能力。

（2）基于 MLR 模型分析金融支持对园区经济效益的影响。运用 SPSS 19.0 软件进行回归分析，构建出的 MLR 模型为：

$$S_2 = 16005.744 + 4.900\text{FI} - 1.187\text{CF} - 0.566\text{PC} + 0.877\text{VC} \quad (2)$$

从回归结果可得，回归方程整体 $S_{ij}.＝0.000$ 通过了显著性检验。回归模型的判定系数 R2 为 0.852，方程拟合优度较好，说明资金的投入对公因子 S2 即农业科技园区的经济效益具有一定的解释程度，所有回归系数均通过了显著性检验，且各因素之间不存在严重共线性。

政府财政投入、风险投资与公因子 S2 呈正相关关系。政府财政投入每增加 1 个百分点，公因子 $S_2$ 得分增加 4.900 个百分点；风险投资每增加 1 个百分点，公因子 $S_2$ 得分增加 0.877 个百分点。政府财政资金的无偿性导致政府财政投入较风险投资对园区经济效益的提高有显著影响。信贷投入、民间融资与公因子 $S_2$ 呈负相关关系，信贷投入与民间资本并非无偿注入园区，需要偿还本金及利息，由于园区具有高风险性，通过上述两种方式获取资金需支付较高费用，最终导致流向园区的平均收益及职工工资大幅降低，园区的经济效益减少。

（3）基于 MLR 模型分析金融支持对园区社会效益的影响。运用 SPSS 19.0 软件进行回归分析，构建出的 MLR 模型为：

$$S_3 = -11818.503 - 0.082\text{FI} + 0.033\text{CF} - 0.129\text{PC} + 13.558\text{VC} \quad (3)$$

从回归结果可得，回归方程整体 $S_{ij}.＝0.000$ 通过了显著性检验。回归模型的判定系数 $R^2$ 为 0.743，方程拟合优度较好，说明资金的投入对公因子 $S_3$ 即农业科技园区的社会效益具有一定的解释程度，所有回归系数均通过了显著性检验，且各因素之间不存在严重共线性。

表 9-4　全国 66 家农业科技园区发展水平得分

| 综合得分排名 | 园区代码 | $S$ | 综合得分排名 | 园区代码 | $S$ | 综合得分排名 | 园区代码 | $S$ |
|---|---|---|---|---|---|---|---|---|
| 1 | C 1 | 88 410 | 23 | D 8 | 18 927 | 45 | F 6 | 544 |
| 2 | B 3 | 81 560 | 24 | D 9 | 17 844 | 46 | G 1 | 542 |
| 3 | C 2 | 75 828 | 25 | E 1 | 17 699 | 47 | G 5 | 525 |
| 4 | B 6 | 65 236 | 26 | D 10 | 17 067 | 48 | G 4 | 463 |
| 5 | B 2 | 62 433 | 27 | E 2 | 12 083 | 49 | H 1 | 423 |
| 6 | B 4 | 60 057 | 28 | F 2 | 10 529 | 50 | J 2 | 341 |
| 7 | B 5 | 527 361 | 29 | E 3 | 4 009 | 51 | J 1 | 192 |
| 8 | C 3 | 47 346 | 30 | E 4 | 3 459 | 52 | G 3 | 119 |
| 9 | B 7 | 44 464 | 31 | E 5 | 3 286 | 53 | I 3 | 58 |
| 10 | C 4 | 42 698 | 32 | K 1 | 2 815 | 54 | I 4 | 47 |
| 11 | B 8 | 39 987 | 33 | E 7 | 2 313 | 55 | H 6 | -28 |
| 12 | C 5 | 38 391 | 34 | E 6 | 2 122 | 56 | H 3 | -28 |
| 13 | C 6 | 36 782 | 35 | F 1 | 1 840 | 57 | K 4 | -68 |
| 14 | C 7 | 33 833 | 36 | E 9 | 1 750 | 58 | H 2 | -178 |
| 15 | B 1 | 31 137 | 37 | E 8 | 1 548 | 59 | I 1 | -178 |
| 16 | D 4 | 26 129 | 38 | H 4 | 1 415 | 60 | J 3 | -348 |
| 17 | D 1 | 25 997 | 39 | H 5 | 1 348 | 61 | J 4 | -430 |
| 18 | D 7 | 25 450 | 40 | G 2 | 1 175 | 62 | I 2 | -545 |
| 19 | D 2 | 23 874 | 41 | F 3 | 1 157 | 63 | I 5 | -550 |
| 20 | D 5 | 20 685 | 42 | K 3 | 716 | 64 | K 2 | -837 |
| 21 | D 3 | 20 141 | 43 | F 5 | 656 | 65 | F 4 | -858 |
| 22 | D 6 | 19 220 | 44 | G 6 | 544 | 66 | F 7 | -1 087 |

政府财政投入、民间资本与公因子 $S_3$ 呈负相关关系；信贷资金、风险投资与公因子 $S_3$ 呈正相关关系。不断增加政府财政投入将完善园区的基础设施建设，增加园区内的科技项目数，进而提高园区的科技能力。园区内科技能力的提高能有效节约劳动力成本，减少园区吸纳劳动力人数。民间资本比信贷资金、风险投资需要支付更高的费用，民间资本投入越多，园区为了节约成本会缩减劳动力的就业人数，造成社会效益降低。

## 四、结论及对策建议

这一部分选取了全国 66 家农业科技园区作为研究取样，进行 FA-MLR 模型建立，研究过程与结果如表 9-4 所示。

根据以上建模结果我们可以看出，假设与农业科技园关联性的因素为因子 S1，影响农业科技园建设最为重要的因素是科技园区生态效益、生态园区科学技术水平以及科技园区的基础设施建设。根据模型（1）的研究结果我们可以看出，对于科技园区的发展具有促进作用的因素有 4 个，分别是政府的资金投入、企业自身的信贷资金、民间金融机构的借贷资金以及风险投资，以上四者都能够有效促进科技园的发展。来自全国的取样调查显示，河南省和山东省的科技园在经营的过程中获得了较高的资金支持，且在全国范围内发展状态良好。

这一部分采用 FA-MLR 模型分析对科技园区具有影响力的因素，其中回归系数较小的因素对于科技园经营的影响力较弱，反之则影响力较强。由以上的分析我们可以看出，政府财政投入仅对社会效益有负效应；信贷投入对园区的社会效益、生态效益、科技能力和基础设施有正向影响，而对经济效益有负向影响，信贷投入的正效应大于其负效应；民间融资的正效应大于其负效应，且较其他 3 种融资方式对园区发展水平的提高有较显著的正向影响；风险投资对园区整体发展水平的提高均有显著的正效应。

针对以上的探究成果，笔者提出以下相对应的建议。

第一，地方基层政府应当了解本地农业科技园的发展情况，采取适合的方式对于科技园给予相应的支持和帮助。

第二，金融机构应当增加对于农业科技园的信贷支持。信贷资金的输出可以采用更为灵活多变的形式，农业科技园的收益证明、农副产品成品等都可以作为信贷抵押品，从而获得更多的资金。科技园与金融机构应该形成一个良性的帮扶循环，建立健全科技园的信用评估以及信用担保机制，增加科技园的信用程度，获得更多的资金。科技园也应当针对自身的经营情况，不断完善自身的商品产业链，增加自身的经济收益。并且农副产品产业链也可以用作信贷抵押品，培养企业的创新意识，增加企业的经济效益。

第三，农业科技园应当合理利用互联网的社会影响力，积极宣传自身的经营前景与企业商机，引导社会各界向企业众筹投资，弥补企业经营中的资金短缺问题。增加对于企业的现阶段经营状态以及产品市场的交流与反馈，向社会各界宣传农产品以及农业市场的大好前景，提升民众对于农业市场的关注度和支持度。

第四，风险投资的引流。企业应当培养自身的创新意识，开发具有较好的市场前景的科技项目，以更好的产品收益来引导投资者的资金支持，建立并且完善企业的经营策略，营造良好的经营预期，在提升自身经营发展水平的同时，吸引投资者的资金流，以达到生产经营、资金收益、信贷引流的良性循环。

# 第三节　农业科技园区引入社会资本的 PPP 融资模式研究

2017 年中央一号文件重点强调了"三农"工作的抓手、平台和载体建设。农业科技园建设在"三农"建设中居于重要位置。农业科技园与大部分的农业产能设施建设不同，农业科技园结合了农业生产中具有科学技术、人才领导、资金引流等众多在农业发展中至关重要的因素。如果将农业科技园建设成为农业生产中具有发展前景的代表性产业，能够有效促进科技、资金、人才的相互配合，增强农业生产中的科技因素。但是一旦以上 3 个因素出现纰漏，尤其是资金链的缺失，农业科技园的创建前景便不容乐观。因此，对于农村金融机制中资金问题的探讨，直接关系到农业科技园能否顺利建立这一问题。

通过搜集和整理当前研究文献可以看出，现阶段对于农业科技园区的资金研究领域资料较少，对于企业资金问题的研究方向主要针对中小型企业的融资问题。另外国内外的不同学者研究的方向亦有所差异，国内学者的研究方向主要是农业科技园的发展前景以及掣肘因素，农业科技园的创新机制以及前进方向；国外学者的研究方向主要是市场经济的宏观环境中农业科技园的经营趋势。本文对于农业科技园的经营分析将从政府政策与市场环境相结合的角度出发，借助 PPP 建模，逐步分析市场环境，汇总农业科技园融资问题中的相关影响因素。研究发现，影响农业园资金问题的原因有二，其一是科技园创建过程中的融资问题；其二是科技园经营内部的融资问题。在下文中将针对以上两个因素进行分析。

# 一、引入社会资本的 PPP 项目融资模式的引入

PPP 的建模形式具有 3 个重要因素，分别是：伙伴关系、利益共享、风险共担。在研究农业科技园的经营问题时运用 PPP 建模更有利于协调建设中的多方因素，树立良性的发展前景，共同促进农业科技园的健康发展。

## （一）构建思路

想要将农村科技园的建设工作提升至一个新的转折点，一定要从全局出发，统一协调相关因素的积极性，协调各项利益，实现资源共享、风险共担、利益共获。推动企业与政府协调发展，在追求经济效益以及经济建设的过程中推进农业科技园的创新建设，不断推出具有商业价值的农业产品，将具有创新价值的农业产品转化为农民生产生活中的经济收益，提升农民的受教育程度，将教育成果转化为科技创新，最后带动农业科技园的技术革新，推动农村经济的发展。

## （二）构建原则

伙伴关系是前提。农业科技园应当与政府之间加快共同合作的步伐，企业应当遵守相应的法律法规，遵循与政府之间的协同联创制度，建立

良性经营循环，从而实现企业稳健发展、政府积极支持的经营环境。

利益共享是基础。这里的利益共享指的是经济效益与社会效益的结合。经济效益指的是在农业科技园中产生的科技创新的产品投入市场后所获得的利润；社会效益指的是科技成果投入社会中产生的社会成果。因此在 PPP 项目中，企业与政府的着眼点不能局限于私人利益，要将眼光投向社会大环境中。

风险共担是关键。风险共担不是硬性规定，而是企业、政府、农业科技园之间的社会契约。三者之间建立一种良性的循环机制，避免了个别因素在经营的过程中规避转嫁风险，给其他因素造成经营中的压力，促进因素之间提升自身抗击风险的能力，增强自身的经营能力。

### （三）运行机制

农业科技园建设中影响融资的相关因素建模如下。

第一步，建立农业科技园区发展引导基金。将地方政府所划拨农业资金进行整合和调整，与相关社会团体的支持资金结合。根据现有的农业科技园区的经营方式进行合理有效的利用和引导，提升资金使用效率，加快社会成果的创建。（见图 9-2 部分①）

第二步，财政资金杠杆放大。将农业科技园的土地、创新成果、收益预期等作为科技园的信贷抵押品，争取最大限度的信贷数额，为企业的经营与管理做好资金储备。（见图 9-2 部分②）

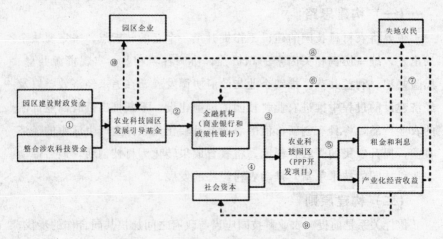

图 9-2　农业科技园建设中影响融资的相关因素

第三步，农业科技园区建设过程（PPP 开发项目）。将上一步中吸引的社会资金、政府财政支持以及科技园的自身经济基础进行有效的划分和利用，投入到科技园的经济建设中。（见图 9-2 部分③）

第四步，农业科技园区运营过程。根据建模中的因素研究可以将农业科技园的收益划分为两种类型：其一，农业产品的市场收益，即可以按照农业科技园成立之初的投资比率划分，分配给科技园本身以及投资人红利；其二，农业园的不动产收益，将这一部分资金用于土地租金以及信贷利率。（见图 9-2 部分⑤—⑨）

第五步，支持园区企业，带动周边产业化发展。农业科技园的建设与发展是集中了一定区域内的资源、建设力量、人才优势所形成的具有代表性的农村科技机构，旨在为农村经济发展注入新鲜血液，带动相关领域的发展。（见图 9-2 部分⑩）

### （四）保障措施

确保有稳定的资金流跟进。将 PPP 建模中的财政稳定增长体系保持并且运行下去，将国家、省市、基层政府对于农业科技园的投资进行合理的分配，在获取经济效益的同时兼顾社会成果的建立，逐步解决农业科技园建设中的资金问题。改善自身的经营管理流程，建立一个系统完善的企业监管链。实现农村地区的人才引流工作，提升企业中管理人员以及决策人员的教育水平，不断增强企业的创新意识。积极利用现阶段的网络传媒，将农业科技园的经济效益及社会公益精神借助互联网平台进行宣传，增强舆论造势。

完善自身的信贷担保机制。借助政府及社会各界的支持逐步建立自身的信用体系，建立部分针对农业发展的投资担保公司，创新信贷担保以及抵押方式，解决自身经营中的资金问题。利用政府及社会各界的支持力度，引导地方金融机构对其进行投资和信贷，增强投资和信贷力度。使政府大力支持、自身健康发展、金融机构信贷担保三者形成一个稳健发展的农村企业良性循环环境。

加强金融机构对农业的保险业务。在现阶段金融机构推出的保险业务之外，将自身的良好市场前景、积极的经营预期与金融机构的保险制度相结合，创建新的保险机制和产品创新，积极引导金融机构对农业科技园的支持力度。这一举措能够减少金融机构的保险理赔业务，减轻自身经营中的风险承担，提升企业的经营活力。

## 二、结语

农业科技园的 PPP 建模分析能够最大限度地提升科技园的经营管理能力，增加企业资金的使用效率，保障企业自身的良好经营以及不断进行产品的创新，有利于衍生出相应领域的附加产品，增加科技园的经济效益。一旦科技园、政府、金融机构建立了良性的市场循环，科技园的资金问题便得到了解决，有利于科技园的稳步经营。社会各界的广泛支持、互联网的舆论宣传，更有利于增加科技园经营的社会成果，有助于农村经济的创新发展。

# 参考文献

[1] 胡金焱，孙健.金融支持、新型农村金融机构创新与"三农"发展 [M].
济南：山东大学出版社，2016.

[2] 肖攀，苏静，唐李伟.农村金融支持与乡镇企业发展 [M].广州：世界
图书出版广东有限公司，2016.

[3] 袁怀宇，郑东东.农村经济、金融支持与低碳发展研究 [M].北京：经
济科学出版社，2015.

[4] 王曙光，高连水.农行之道——大型商业银行支农战略与创新 [M].北
京：中国发展出版社，2014.

[5] 王松奇.新农村建设中的金融支持 [M].北京：社会科学文献出版
社，2014.

[6] 温铁军.中国新农村建设报告 [M].福州：福建人民出版社，2010.

[7] 伍成基.中国农业银行史 [M].北京：经济科学出版社，2000.

[8] 项俊波.国际大型涉农金融机构成功之路 [M].北京：中国金融出版
社，2010.

[9] 徐忠，张雪春，沈明高，程恩江.中国贫困地区农村金融发展研究——
构造政府与市场之间的平衡 [M].北京：中国金融出版社，2009.

[10] 张杰.中国农村金融制度调整的绩效：金融需求视角 [M].北京：中
国人民大学出版社，2007.

[11] 张照新，陈洁，徐雪高.农业产业化龙头企业发展与社会责任 [M].
北京：经济管理出版社，2010.

[12] 郑有贵.目标与路径——中国共产党"三农"理论与实践 60 年 [M]，
长沙：湖南人民出版社，2009.

[13] 谢永强.经济欠发达地区农村金融创新难点及对策 [N].金融时报，
2011-09-22.

[14] 伊莎贝尔·撒考克著，王康译.农村金融与公共物品和服务：什么对

小农户最重要 [J]. 经济理论，2010 (12).

[15] 郑丹，大岛一二. 农民专业合作社资金匮乏现状、原因及对策 [J]. 农村经济，2011 (4).

[16] 陈启清，贵斌威. 金融发展与全要素生产率：水平效应与增长效应 [J]. 经济理论与经济管理，2013 (7).

[17] 尹雷，沈毅. 农村金融发展对中国农业全要素生产率的影响：是技术进步还是技术效率——基于省级动态面板数据的 CMM 估计 [J]. 财贸研究，2014 (2).

[18] 姬璐璐，覃斌，宝忠寿. 完善林业投融资体制的思考 [J]. 中国林业经济，2012 (3).

[19] 季凯文，武鹏. 农村金融深化与农村经济增长的动态关系：基中国农村统计数据的时间序列分析 [J]. 经济评论，2008 (4).

[20] 黄宰胜. 碳汇林业融资机制研究 [J]. 林业经济，2012 (2).

[21] 胡建，程琳，贾进. 河北省集体林权制度改革绩效分析 [J]. 河北学刊，2012 (5).

[22] 洪银兴. 工业和城市反哺农业、农村的路径研究 [J]. 经济研究，2007 (8).

[23] 贺雪峰. 村社本位、积极分子：建设社会主义新农村视角研究题 [J]. 河南社会科学，2006 (3).

[24] 何蒲明. 我国发展低碳农业的必要性——前景与对策分析 [J]. 农业经济，2012 (1).

[25] 何丽. 林权改革在林业投融资系统中的策略 [J]. 内蒙古林业调查设计，2012 (4).

[26] 韩鹏云，刘祖云. 我国农村公共产品供给制度的结构与历史性变迁——一个历史制度主义的分析范式 [J]. 学术界，2011 (5).

[27] 韩俊. 建立和完善社会主义新农村建设的投入保障机制 [J]. 宏观经济研究，2006 (3).

[28] 韩枫，李新. 规模经济理论在我国森林碳汇交易中的的应用 [J]. 四川林勘设计，2012 (9).

[29] 郭杰忠，黎康. 关于社会主义新农村建设的理论研究综述 [J]. 江西社会科学，2006 (6).

[30] 郭卫东，穆月英. 我国水利投资对粮食生产的影响研究 [J]. 经济问题探索，2012 (4).

# 后 记

本书为笔者 2016 年承担的河北省社会科学基金项目"河北省国家农业科技园区金融支持研究"（项目编号：HB16GL051）的最终研究成果。本书受到河北新型智库：河北省"三农"问题研究中心、河北农村经济协同创新中心资助出版。

不知不觉间，本书的撰写工作已经接近尾声，笔者颇有不舍之情。本书是笔者在研究农村金融数年的基础上，在投入了大量精力与数据调研后的作品，倾注了笔者的全部心血，想到本书的出版能够为新农村建设提供一定的帮助，为振兴乡村贡献力量，笔者颇感欣慰。同时，本书在创作过程中得到了社会各界的广泛支持，在此表示深深的感谢！

在本书的撰写过程中，笔者通过科学的收集方法，确定了该论题的基本概况，并设计出研究的框架，从整体上确定了论题的走向，随之展开层层论述：对新农村建设理论的论述有理有据，先提出了问题，从多角度进行解读后，进而给出了合理化的建议；深度解析了农村金融发展问题，通过各章节鞭辟入里的分析，试图构建关于新农村建设金融支持的系统研究体系；通过理论与案例分析，找到了最具特色的、振兴乡村的发展之路，希望可以使新农村金融步入健康、良性的发展轨道。

由于新农村建设不可能一蹴而就，需要不断探索与实践。因此，笔者由衷地期待全社会共同推动新农村金融不断深化、完善。

本项目在研究过程中得到了多位学者、师长、友人的悉心指导和大力支持，使本书得以顺利付梓，同时全书在撰写过程中查阅、参考了大量的论文、期刊、著作和文献资料，笔者在此表示诚挚的谢意。受撰写时间和经验所限，加之笔者能力有限，书中难免存在缺漏，恳请读者批评指正，笔者一定加以修改和完善。

乔 宏

2018 年 9 月